BEI GRIN MACHT SICH IHR
WISSEN BEZAHLT

- Wir veröffentlichen Ihre Hausarbeit,
  Bachelor- und Masterarbeit

- Ihr eigenes eBook und Buch
  weltweit in allen wichtiger

D1671681

- Verdienen Sie an jedem Ver

Jetzt bei www.GRIN.com hochladen
und kostenlos publizieren

Die moderne Erlebnispädagogik und ihre persönlichkeitsbildende Wirkung im beruflichen Bildungswesen

Eine theoretische und empirische Untersuchung

Henrike Meyer

Bibliografische Information der Deutschen Nationalbibliothek:

Die Deutsche Nationalbibliothek verzeichnet diese Publikation in der Deutschen Nationalbibliografie; detaillierte bibliografische Daten sind im Internet über http://dnb.d-nb.de abrufbar.

ISBN: 9783346383310
Dieses Buch ist auch als E-Book erhältlich.

© GRIN Publishing GmbH
Nymphenburger Straße 86
80636 München

Druck und Bindung: Books on Demand GmbH, Norderstedt Germany
Gedruckt auf säurefreiem Papier aus verantwortungsvollen Quellen

Das Buch bei GRIN: https://www.grin.com/document/999917

Rheinische Friedrich-Wilhelms-Universität Bonn

Bonner Zentrum für Lehrerbildung (BZL)

Die persönlichkeitsbildene Wirkung der modernen Erlebnispädagogik in der beruflichen Bildung: Eine theoretische und empirische Untersuchung

Masterarbeit

im Fach Bildungswissenschaften
Sommersemester 2020

vorgelegt von:

Henrike Meyer

Bonn, den 27.07.2020

Inhaltsverzeichnis

Abkürzungsverzeichnis

Abbildungsverzeichnis

Tabellenverzeichnis

„Die beste Investition in den landwirtschaftlichen Betrieb

ist die Investition in die jungen Betriebsleiter."

(zit. nach Gerd Sonnleitner)

1 Einleitung

Da in der beruflichen Bildung nicht mehr ausschließlich wissenschaftsorientiert und fach-systematisch gedacht wird und das Kernfeldcurriculum längst durch fächerübergreifende Lernfelder und durch eine stärkere Handlungs- und Arbeitsprozessorientierung geprägt ist, kann das berufliche Bildungswesen auf den ganzheitlichen Ansatz der Erlebnispäda-gogik (EP) zurückgreifen. Vorrangiges Ziel der modernen EP ist es, die Schüler und Schü-lerinnen (SuS) durch physisch, psychisch und sozial herausfordernde Situationen in ihrer Persönlichkeitsentwicklung zu fördern. Insofern beschäftigt sich die vorliegende Arbeit mit der Fragestellung, inwiefern erlebnispädagogische Maßnahmen zur Stärkung der Selbstwirksamkeit von SuS in der Berufsschule sinnvoll sind. Im Rahmen dieser Arbeit wird einerseits theoretisch die Konzeption der modernen EP erfasst, andererseits wird der erlebnispädagogische Ansatz in einer empirischen Herangehensweise in Bezug auf die Persönlichkeitsentwicklung von SuS geprüft. Dabei werden die Auswirkungen des erleb-nispädagogischen Arbeitens insbesondere auf das Persönlichkeitsmerkmal der Selbst-wirksamkeit geprüft. Die Einbindung in den schulischen Kontext und die damit verbun-denen Chancen für die Persönlichkeitsentwicklung werden am Beispiel der Berufsausbil-dung zum Landwirt/in hinterfragt. Die Ergebnisse lassen sich allerdings auch auf andere Ausbildungsrichtungen und Berufsgruppen im dualen System beziehen.

Die Arbeit gliedert sich durch die genannten Schwerpunkte in fünf Kapitel. Das erste Kapitel beschäftigt sich mit dem umfassenden Verständnis der Entwicklungen der EP in den letzten Jahrhunderten. Bei der historischen Betrachtung wird die besondere Berück-sichtigung bei Jean-Jacques Rousseau, David Henry Thoreau, John Dewey und Kurt Hahn liegen. In Kapitel zwei werden die Grundlagen der modernen EP erläutert, vorläu-fige Definitionen, Konzeptionen einer modernen EP aufgeführt und die Aktualität und Legitimation einer heutigen EP begründet. Das dritte Kapitel richtet das Interesse der Ar-beit auf die Dimension der Persönlichkeitsentwicklung, indem die Wirkungsweisen der EP und ihr persönlichkeitsbildendes Potential theoretisch fundiert werden. Außerdem wird ein Überblick über die empirischen Beiträge zur Wirkung der EP auf das Selbst von SuS gegeben, woran sich in Kapitel vier die eigene empirische Untersuchung anschließt. Nach einer vorläufigen Schlussfolgerung wird in Kapitel fünf ein Schulbezug hergestellt, in-dem die EP als ein berufsschulisches Konzept diskutiert wird. Dazu wird der Bildungs-auftrag der Berufsschule herangezogen und die Besonderheiten am Beispiel der Ausbil-dung zum Landwirt/in erläutert. Ein abschließendes Fazit würdigt die Thematik.

2 Entwicklungslinien der Erlebnispädagogik

Der EP liegt eine historische Kontinuität zugrunde, die im Laufe der Jahrhunderte dazu führte, dass sich heute hinter dem Begriff der EP „sehr unterschiedliche historische und theoretische Wurzeln und vielfältige Praxisansätze" verbergen (KLAWE und BRÄUER 2001, S.11). Wer sich mit den Hintergründen der EP auseinandersetzen will, wird mit einer Vielzahl unterschiedlicher Aktivitäten und Programmen konfrontiert. Kaum ein anderes Feld in der Pädagogik hat sich so dynamisch entwickelt, wirft so viele Fragen auf, wie die EP. Gerade dieser Umstand der gegenwärtigen rasanten Entwicklungen, machen es schwer, eine eindeutige Definition abzuleiten. Für ein angemessenes Verständnis ist es daher umso wichtiger, einen historischen Überblick zu geben.

Im Rahmen dieser Arbeit werden die wesentlichen historischen und theoretischen Ansätze ergründet. Die getroffene Auswahl der einzelnen Theorien erheben dabei keinen Anspruch auf Vollständigkeit. Das Augenmerk der Arbeit richtet sich auf die Anfänge des 20. Jahrhunderts, wobei „die EP doch ein Konglomerat aus vielen Strömungen der Reformpädagogik" ist (SCHLOZ 2001, 26). Hier wird es von Bedeutung sein, den Blick auf die Entwicklungen im schulischen Raum zu lenken und auf die pädagogischen Grundsätze des „Urvaters der EP" von Kurt Hahn einzugehen. Die Vordenker seiner Grundannahmen verbindet der Anspruch einer handlungs- und erfahrungsorientierten, ganzheitlichen Pädagogik. Gerade in Bezug auf die historische Entwicklung ist in diesem Zusammenhang die Zeit in und zwischen den Weltkriegen ernst zu nehmen. Im Nachhinein lösten die Ansätze der EP durch die Instrumentalisierung während der nationalsozialistischen Zeit kontroverse Diskussionen aus, weswegen sie in Deutschland jahrzehntelang negativ konnotiert war.

2.1 Ursprünge, Wegbereiter und Vordenker

Bereits Platon war mit den Grundideen der EP verbunden, indem er für ein ganzheitliches Menschenbild plädierte und den Wert der Unmittelbarkeit der Erfahrungen betonte. Im Rahmen seines Konzeptes des ganzheitlichen Menschenbildes erkennt Platon, dass es zur inneren und äußeren Wohlgestimmtheit, neben Vernunft und dem damit einhergehenden Wissenserwerb gymnastischer Kräfte bedarf. Dieses Ideal lässt sich seitdem in der Geschichte der Pädagogik verfolgen (ZETT 2004, S.15-16). Der Ursprung der EP ist allerdings im Zusammenhang mit den Reformbestrebungen des ausgehenden 19. und beginnenden 20. Jahrhunderts einzuordnen (PAFFRATH 2018, S.34). Eng ist die EP mit dem Aufbruch der Jugend verbunden, ihrer Flucht aus grauen Städtemauern, ihrer Suche nach Freiheit, einem selbstbestimmten Leben, der Begeisterung für Jean-Jacques Rousseaus

Evangelium der Natur und der Entdeckung von Abenteuer und Erlebnis. Zahlreiche Wegbereiter, Vordenker und Strömungen haben ihr den Weg geebnet (vgl. FISCHER und ZIEGENSPECK 2008; vgl. ROUSSEAU 1995 zuerst 1762).

Jean-Jacques Rousseau (1712-1778)   „Und denkt daran, dass ihr in allen Fächern mehr durch Handlungen als durch Worte belehren müsst. Denn Kinder vergessen leicht, was sie gesagt haben und was man ihnen gesagt hat, aber nicht, was sie getan haben und was man ihnen tat."

(ROUSSEAU 1995 zuerst 1762, S.80)

Jean-Jacques Rousseau, der in der Zeit der französischen Aufklärung lebte, hat mit seinen Erziehungsgedanken das spätere Erziehungswesen folgenreich beeinflusst (FISCHER und ZIEGENSPECK 2000, S. 101). Durch seine Ideen erfährt die Aufklärung einen ersten Bruch. Während die Erziehung der damaligen Zeit ausgesprochen kopflastig und überwiegend aus der Förderung der Vernunft, Lernen im Unterricht und dem Erwerb von Wissen bestand, war das Anhäufen von Wissen für Jean-Jacques Rousseau zu einseitig. Er wollte die SuS nicht zu Wissenschaftlern machen, sondern ihnen die Freude am Lernen schenken. In den „Bekenntnissen" (1770) hat er, wie in einer Psychoanalyse, sein Innerstes dargelegt. Es geht ihm um Hinwendung zum Individuum und um das Horchen auf die inneren Empfindungen. Im Jahre 1762 erschienen Jean-Jacques Rousseaus Hauptwerke „Du contrat social un principes du droit politique" (Der Gesellschaftsvertrag oder die Grundsätze des Staatsrechts) und „Emile, ou de l'education" (Emil oder über die Erziehung 1762). In seinem Roman „Emil oder über die Erziehung" bekennt er sich zu drei Größen, die mit in die Erziehung einfließen, wobei schon die Reihenfolge Aufschluss über die Gewichtung verleiht: Die Natur, die Dinge oder die Menschen. Dabei hat der Mensch die Aufgabe dem „Zögling" eine unmittelbare Erfahrung in der Natur und mit den ihn umgebenden Dingen zu ermöglichen, „der jungen Pflanze Raum und Licht zu verschaffen und störende Einflüsse zu verhindern" (REBLE 1971, S.149). Für Jean-Jacques Rousseau hindern Gesellschaft, Wissenschaft, Kunst und Zivilisation den Lauf der Natur und der Dinge, die erzieherisch die natürlichen Bedürfnisse des Kindes bedienen (FISCHER und ZIEGENSPECK 2000, S.104). Ziel seiner Pädagogik ist eine Erziehung ohne Erzieher, eine Minimalerziehung, bei der nicht der Pädagoge, sondern die eigenen Erfahrungen und die natürliche Strafe, d.h. die negativen Folgen von unpassenden Handlungen, den Menschen bilden. Mit der Formulierung der Erziehungsziele entdeckte Jean-

Jacques Rousseau die Lebensphase Kindheit. Erlebnisse und Abenteuer in der Natur und die Auseinandersetzung mit ihr sind seiner Meinung nach die treibenden erzieherischen Kräfte des Menschen. In der Freiheit der Natur soll das Kind ein Maximum an Selbstständigkeit erlangen und die Möglichkeit erhalten, in aktiver Auseinandersetzung mit realen Gegenständen, die Folgen des Handels unmittelbar zu spüren bekommen. Einfachheit und Naturbezogenheit, Ganzheitlichkeit und Unmittelbarkeit, Erlebnis und Abenteuer schaffen die Grundmauern zu einem erlebnis- und handlungsorientierten Lernen (MICHL 2020, S.24-26).

David Henry Thoreau (1817-1862)

„Ich zog in den Wald, weil ich den Wunsch hatte, […] dem eigentlichen wirklichen Leben näherzutreten, […] damit ich nicht, wenn es zum Sterben ginge, einsehen müsste, dass ich nicht gelebt hatte."

(THOREAU 1971, zuerst 1854, S.184)

In ähnlicher Weise vertrat der Amerikaner David Henry Thoreau ca. 100 Jahre nach Jean-Jacques Rousseau seine theoretischen Grundsätze. Zu seiner Zeit war David Henry Thoreau ein Aussteiger, Pädagoge, Poet und letztlich auch ein Tiefenpsychologe, der aus seiner Einstellung den unnötigen zivilisatorischen Ballast auf dem Weg zur Erkenntnis abwerfen will. Als Gegenentwurf zum „American way of life", zu den „übersteigerten, künstlichen Bedürfnissen des modernen Menschen", lieferte er praktisches Anschauungsmaterial für die Zielvorstellungen von Jean-Jacques Rousseau (WITTE 2002, S.24). David Henry Thoreau verbindet wie Jean-Jacques Rousseau eine pädagogische Praxisorientierung mit einer politischen Weltanschauung: auf der einen Seite befindet sich der Widerstand gegen den „ungerechten" Staat, auf der anderen Seite lebt die Natur. Durch seine Entscheidung für ein zweieinhalbjähriges Eigenexperiment in der Einsamkeit der kanadischen Wälder lebte David Henry Thoreau schließlich den Menschen seine Erziehungsphilosophie vor: die Natur als „große Erzieherin und Lehrmeisterin" (HECKMAIR und MICHL 2004b, S.9). Er will beweisen, dass die Unabhängigkeit durch ein einfaches Leben zu erreichen ist und das dazu weder die kommunistische Utopie noch die kapitalistische Ideologie notwendig sind. Sein unmittelbares Lernen in realen Situationen, das Lernen durch den Verstand und durch Irrtum sind „Gedanken, die auch in der modernen EP einen großen Stellenwert haben" (HARZ 2007b, S.8).

John Dewey (1859-1952) „Ein Gramm Erfahrung ist besser als eine Tonne Theorie [...]."

(DEWEY 1993, zuerst 1916, S.193)

John Dewey gilt in den USA und in Kanada als Vater des „handlungs- und erfahrungsorientierten Lernen". Ihm wird das in der erlebnispädagogischen Literatur rezipierte Theorem: „Learning by doing" zugeschrieben. John Dewey sah ein großes Problem darin, dass die Betonung der intellektuellen oder kognitiven Seite des Menschen sowohl von seiner unmittelbaren Umgebung, als auch von seiner emotionalen und affektiven Seite entfremdet wird (REINERS 2004, S.11). Er geht davon aus, dass die Erfahrungen dabei nicht darauf beruhen, dass das von außen dargebotene Material passiv rezipiert wird, sondern das eine Wechselwirkung zwischen den angeborenen Tendenzen mit seiner Umwelt besteht (SUHR 1994, S.51 ff.). Dabei stellt er fest, dass „durch Erfahrung lernen heißt, das was wir den Dingen tun, und das was wir von ihnen erleiden, nach rückwärts und vorwärts miteinander in Verbindung [...] gebracht werden muss" (BAUER 2001, S.21). Gerade das „Vorwärts und Rückwärts" drückt das Prozesshafte und Reflektive aus. Dies bedeutet, dass aus einer Handlung offenbar nur mit Hilfe einer bewussten Durchdringung eine Erfahrung gewonnen werden kann (heute Reflexion) und dass dieses „Vorwärts und Rückwärts" immer prozesshaft ist (heute Prozessdenken statt „Ereignis- oder Erfolgsfixierung"). Im Erziehungsprozess sind dabei diejenigen Erfahrungen bedeutsam, die im Spannungsfeld der handelnden Auseinandersetzung des Kindes mit der Realität stehen. Erst in der Verbindung von Handeln und Rückschauen kann dann die Erfahrung als Lernprozess empfunden werden. In der Umsetzung seiner Grundsätze plädiert John Dewey für einen „Lehrplan", der durch entsprechende Ziele die aktive Weltaneignung des Kindes steuern soll. Dies läuft auf eine spontane, konstruktive Aktivität in der Umwelt hinaus, in der die Kinder mit Problemen konfrontiert sind, zu deren Lösung sie Fähigkeiten und Fertigkeiten einsetzen müssen. Der „Lehrplan" begünstigt dabei den Prozess einer wohldurchdachten, wechselseitigen Durchdringung des Lernmaterials, indem die Gegenstände des „Lehrplans" in den Erfahrungshorizont des Kindes reflektiert werden. Dabei sei es die Aufgabe der Lehrer und Lehrerinnen (LuL), die Umwelt zum Erwerb von wertvollen Erfahrungen zu nutzen, indem diese eine aktive Suche nach Informationen provoziert (HECKMAIR und MICHL 2004b, S.45). John Dewey bezieht sich in seinen Analysen immer wieder auf Jean-Jacques Rousseau: „Grundlegende Wahrheiten über Erziehung hätte niemand besser ausgesprochen. So auch, wenn es darum geht, die Quellen der Erziehung zu bezeichnen: die Natur, die Dinge oder die Menschen. Gleichzeitig kritisiert er

Jean-Jacques Rousseau Konstruktion, die von einem scheinbaren Nebeneinander der Einflüsse ausgehe. John Dewey sieht eher die Wechselwirkungen und das erzieherische Potential, das eben durch ihre Verbindungen erst erschlossen werden kann" (HECKMAIR und MICHL 2004b, S.47). Im Gegensatz zu Jean-Jacques Rousseau und David Henry Thoreau misst John Dewey der sozialen Umwelt eine wesentliche Bedeutung bei der Sammlung von Erfahrungen zu, was zusammen mit seinem Anspruch auf Reflexion, Ganzheitlichkeit und der Projekte Einfluss auf die Entwicklung der modernen EP hat.

2.2   Rückblick auf die Reformpädagogik

Die Reformbestrebungen um 1890-1933 ist als facettenreich und mit einem internationalen Aufbruch gekennzeichnet: Ellen Key verkündet in ihrem Buch das anstehende Jahrhundert als das „Jahrhundert des Kindes" (vgl. KEY 1902). Maria Montessori entwickelt didaktische Materialien für die selbstständige kindliche Entwicklung und Georg Kerschensteiner setzt die Idee der Arbeitsschule in die Praxis um (vgl. MONTESSORI 2015, zuerst 1906; vgl. KERSCHEINSTEINER 2013, zuerst 1923). Gleichzeitig war die junge Generation ergriffen von einem neuen Lebensgefühl und „machte Front gegen die Erwachsenwelt, gegen bürgerliche Konventionen, gegen die Enge des Stadtlebens und gegen die Bevormundung durch Schule und Elternhaus" (WEBER et al. 1983, S.17). Der junge Mensch soll nicht länger den „objektiven Mächten der Erwachsenwelt" ausgeliefert sein, stattdessen soll „der eigene Rhythmus des Kindes und die Richtung seiner Natur […] die Orientierungsdaten für die Erziehung" darstellen (FLITNER 2001, S.31).

Von den reformpädagogischen Entwicklungen blieb die Schule nicht unberührt. Die Vorstellung einer umfassenden Lebensschulung entwickelte sich in verschiedenen kleinen reformerischen Kreisen, wurde dann zu „pädagogischen Lehren ausgeformt und strömte nach 1918 breit in die Schulen ein" (REBLE 1971, S.273). Gefordert wird eine aktive Rolle des Kindes im Lernprozess: Die alte „Lehrer- und Stoffschule", die den Vorwürfen der Verwissenschaftlichung, Lebensfremdheit und Erlebnisarmut ausgesetzt ist, bringt keine handlungsfähigen, eigenständig denkenden SuS (mehr) hervor (WILHELM 1977, S.1). „An die Stelle einer bloßen Wissensvermittlung, die den SuS nur verstandesgemäß berührt, sollte das Erlebnis treten, das ihn in der Tiefe und Ganzheit eines Wesens erfasst" (SCHEIBE 1994, S.153). Das gemeinsame Ziel der Schulpädagogen ist von nun an die „Herausbildung der Persönlichkeit durch Freigabe des Selbst und durch eigenes schöpferisches Tun" (DIETRICH 1970, S.202). Folglich äußerten sich die unterschiedlichen Bedürfnisse in Form einiger historischer Schulbewegungen sowie in inhaltliche erlebnispädagogische Schwerpunkte. Die Vertreter der **Kunsterziehungsbewegung** appellierten an die Integration der Erlebnisse in den Ausdrucksfächern sowie an die Erfahrungs- und Gefühlswelt der SuS (REBLE 1971, S.273). Dadurch, dass das Kind Möglichkeiten zum Ausdruck seines Inneren erhalte, wird es selbst produktiv und kann sein eigenes Erleben in einer unmittelbaren Weise ausdrücken. Ziel der Kunsterziehung ist die Weckung des künstlerischen Gestaltungstriebes, sowie die Herausforderung der allgemeinen Spontanität. Die Jugend schafft sich infolgedessen romantische Lebensformen, die insbesondere in der **Wandervogelbewegung** zum Ausdruck kommt. In diesem Kontext öffnete sich die Schule mehr für Jugendfragen, für Schulwanderungen, für Landheime, für Abwechselung im Unterricht, für ein echtes Gemeinschaftsleben, für Volksmusik und Volkstanz. Wie die Wandervogelbewegung, ging die **Arbeitsschulbewegung** vom „kindlichen Betätigungsdrang" aus und versprach eine pädagogische Wirkung durch die schöpferische Bestätigung des Kindes im Handwerk. Georg Kerschensteiner setzte dabei auf die selbstständige Erarbeitung von vorwiegend praktischen Lehrinhalten mit beruflichen und charakterlichen Anforderungen. Planmäßig durchgeführte Werk- und Handarbeit in Holz und Metallwerkstätten, Schulküchen und Schulgärten sollten die SuS als ganzheitliche Menschen mit seinen Fähigkeiten und Eigenschaften erfassen. Die **Landerziehungsheimbewegung** mit seinen Hauptvertreter Hermann Lietz hat die unterschiedlichen Reformströmungen schließlich „in sich aufgenommen [...] und in einer eigenständigen Art miteinander verbunden" (WEBER et al. 1983, S.20). Das Programm vereinte das Leben und Lernen als geschlossene Erziehungsstätte auf dem Land, fernab vom „ungesunden" Klima der Stadt. Spätestens am Nachmittag konnten die SuS künstlerischen, musischen, sportlichen, handwerklichen oder landwirtschaftlichen Aktivitäten nachgehen (vgl. LIETZ 2018, zuerst 1897). Der schulische Unterricht bekam demzufolge eine sekundäre Bedeutung und war dennoch geistige Schulung im Sinne einer ganzheitlichen Bildung. Zum Ziel dieser „pädagogischen Provinzen" wurde die Charakterbildung, die Erziehung zur Selbsterziehung sowie die Anleitung zu einem „gesunden und edlen Lebensstil" ernannt (REBLE 1971, S.303). Kurt Hahn machte die Tradition der Landerziehungsheimbewegung zum Ausgangpunkt seiner pädagogischen Überlegungen.

2.3 Kurt Hahn und seine reformpädagogischen Leitideen

Kurt Hahn gilt im deutschsprachigen Raum mit seinem Entwurf der „Erlebnistherapie" als eigentlicher Begründer der EP und wird im internationalen Kontext als Ahnherr von „Outdoor Education and Adventure Programming" betrachtet (PAFFRATH 2017, S.43). Mit der Entwicklung seiner „Erlebnistherapie" in welcher er die „verschiedenen Fäden einer Pädagogik [...] verknüpft", prägt er das grundlegende Konzept der heutigen modernen EP (HECKMAIR und MICHL 1994, S.17; vgl. HAHN 1958). Dabei scheinen Platons „Politeia", Johann Wolfgang Goethes „Wilhelm Meisters Wanderjahre" und William James „moralisches Äquivalent des Krieges" die Eckpfeiler seiner pädagogischen Überlegung zu sein (HECKMAIR und MICHL 2004a, S.37). Er selbst stellt fest: „hier ist alles gestohlen, und das ist gut so, von Lietz der wie kein anderer wagte, Jungen zu Mitträgern der Verantwortung zu machen, von Goethe, von den englischen „Public Schools", von den „Boy Scouts", von der deutschen Jugendbewegung nach den Freiheitskriegen, von Platon. Sie werden nichts finden, wovon wir sagen können, das haben wir entdeckt" (HERRMANN 1997, S.65 ff.). Auch Gedanken von Georg Kerschensteiner seien adaptiert, indem er die Bedeutung handwerklicher Tätigkeiten herausstellte und als Ziel des Ganzen den „brauchbaren Staatsbürger" erfand. Als Ergebnis seiner Gegenwartsdiagnose und für die Entwicklung seiner „Erlebnistherapie" erkannte er vier Verfallserscheinungen in der Gesellschaft: den „Verfall der körperlichen Tauglichkeit, den Mangel an Initiative und Spontanität, den Mangel an Sorgsamkeit und den Mangel an menschlicher Anteilnahme. Den Verfallserscheinungen setzte er vier Komponenten entgegen, die die Erscheinungsbilder „heilen" sollen. Der erst benannten Verfallserscheinung den Verfall der körperlichen Tauglichkeit will Kurt Hahn durch das körperliche Training aufhalten, welches zu einer Steigerung von Vitalität, Kondition, Ausdauer und Mut verhilft. Der zweiten Verfallserscheinung den Mangel an Initiative und Spontanität will er hingegen über die Expeditionen kompensieren, indem durch Phasen der Planung, Organisation und Durchführung, die Selbstständigkeit, Entschluss- und Überwindungskraft der SuS gefördert werden sollen. An dieser Stelle lässt sich Jean-Jaques Rousseaus Konzept der Minimalerziehung erkennen: so wenig pädagogische Eingriffe wie nötig, so viel Eigenaktivität wie möglich. Aber auch die Erkenntnis, dass der Mensch am meisten lernt, wenn er selbst handelt, nach Georg Kerschensteiner wird hier in die Praxis umgesetzt. Bei der Verfallserscheinung Mangel an Sorgsamkeit greift Kurt Hahn auf den Ansatz von John Dewey zurück. Der Projektunterricht als Hilfestellung mit Aufgaben in handwerklichen, technischen, geistigen, musischen Bereichen und die Entwicklung von Fachkompetenzen sowie die Entfaltung eigener Fähigkeiten stehen im Vordergrund der Persönlichkeitsidee. Der letzten Verfallserscheinung den Mangel an menschlicher Anteilnahme setzt er den Sozialen Dienst entgegen, als Äquivalent zum egoistischen Verhalten und als Ersatz für die Gemeinschaft (HAHN 1958, S.61 ff.). Alle Komponenten der Erlebnistherapie stehen unter dem gemeinsamen Motiv des Erlebens. Kurt Hahn verweist darauf, dass die Intensität der Erlebnisse besonders hoch sein muss, um möglichst tiefe Einprägungen und „heilsame Erinnerungsbilder" zu erstellen. Den institutionellen Rahmen schaffte sich Kurt

Hahn mit der Gründung des Internats „Landerziehungsheim Schloss Salem" am Boden-see (gegründet 1920) und gab damit Anstöße für eine weltweite Schulbewegung. Mit den Salemer Gesetzen wird die „Hahnsche Erlebnistherapie" zu dem, was sie immer sein sollte: ein pädagogisches Konzept mit pädagogischen Anregungen, die in jedem Internat, jeder Schule oder jeder pädagogischen Weiterbildung Geltung besitzt. Um einen mög-lichst breiten erzieherischen Einfluss zu gewinnen, versuchte Kurt Hahn die Ideen gleich-falls in außerschulischen Institutionen zu verwirklichen, wodurch er mit der Entwicklung der „Kurzschule" seinen eigentlichen Welterfolg erzielte. Die Kurzschulen erteilten kei-nen zusätzlichen Unterricht in üblichen Schulfächern, sondern es fanden in drei wöchigen Kursen rein erlebnispädagogische Programme statt. Auf Kurt Hahns Initiativen gehen insgesamt 62 Internatsschulen und über 48 Kursschulen zurück.

2.4 Weitere Entwicklungen im 20. Jahrhundert

Während Kurt Hahn, der jüdischer Abstammung war, seine pädagogische Tätigkeit auf-grund der Machtübernahme der Nazis in England fortsetzte, kam die konzeptionelle Ent-wicklung der EP in den Kriegsjahren fast vollständig zum Erliegen (WITTE 2002, S.33). Erlebnispädagogische Arrangements von Organisationen wie der „Hitler Jugend" und dem „Bund der deutschen Mädchen" wurden im Rahmen von Festen, Ausflügen, Fahrten zu ideologischen Zwecken missbraucht und in Zuge dessen „ihres ursprünglichen, geis-teswissenschaftlichen fundierten Sinns beraubt" (ZIEGENSPECK 1992, S.192). Adolf Hitlers Wunschbild der deutschen Jugend: „Flink wie Windhunde, zäh wie Leder und hart wie Kruppstahl" (Adolf Hitlers Rede vom 14.09.1935) nahmen in den Zeltlagern und den organisatorischen Veranstaltungen wirkliche Gestalt an: Vom Wandern zum Marschieren ist es nur ein kleiner Schritt. Aus Laute wird die Trommel, aus Geländespielen werden gezielt vormilitärische Übungen. Die Inszenierung von Erlebnissen mit ihrer Verherrli-chung von Gemeinschaftsgefühl erleichterten die Einordnung ins Kollektiv und ver-schleierten den Verlust eines selbstbestimmenden Lebens (PAFFRATH 2018, S.38 ff.). Auch nach der Beendigung des Krieges kam es zu keiner Wideraufnahme und Weiterent-wicklung der EP, selbst während der Zeit der „kognitiven Wende" rückten emotionale Dimensionen und Gefühle weitestgehend in den Hintergrund. Die Schule entwickelte sich immer mehr zu einer leistungsorientierten Bildungsanstalt, in der menschliche Intelli-genz, logisches Denken und kontrollierbares Wissen als Richtwerte galten (FELTEN 1998, S.44; PETERSEN 1998, S.24). Erst in den 1970er fand die EP im Bereich der So-zialpädagogik verhaltene Zustimmung. Neben der Repräsentation von Kurt Hahns „Kurz-schulen" (s. Kap. 2.4) und des schulischen Modellversuchs „Project Adventures" erlebte die EP Anfang der 1980er Jahre einen neuen Schulkontext (vgl. GALUSKE 2002). Hinter dem Konzept der „Kurzschulen" stand der Anspruch des wechselseitigen Kennenlernens aller „Lebenswelten" bei gleichzeitiger gemeinsamer Bewältigung des Kurses. Das heißt, die „Kurzschulen" standen auch im Zeichen einer beruflichen Aus- und Weiterbildung und dienten der Vermittlung beruflich verwertbarer Kompetenzen. Im Gegensatz zum Internatskonzept der Erlebnistherapie nach Kurt Hahn war die „Kurzschule" durch ihre offene Struktur und von einem „praktischen Verwertungsgedanken" geprägt. Die Bezeichnung Kurzschule verschwindet allerdings im Laufe der Zeit. Aus den „Kurzschulen" werden die sogenannten „Outward Bound Schools". Heutzutage bestehen drei weltweit agierende Dachverbände der „Outward Bound Schools, welche auf Kurt Hahns handlungsorientierten Grundsätzen zurück gehen (ZIEGENSPECK 1992, S.115). Während die „Outward Bound Schools" ihr Konzept auch außerschulisch ausrichten, wurde der „Project Adventure" Ansatz für den direkten und unmittelbaren Einsatz in den Schulen entwickelt. Grundsätzliche Intention der erlebnisorientierten Konzeption ist es, die auf Persönlichkeitsbildung abzielende Philosophie von „Outward Bound" in ähnlicher Form den Schulen zugänglich zu machen.

3 Grundlegung der modernen Erlebnispädagogik

Durch die Ausweitung erlebnispädagogischer Angebote in den letzten Jahrzehnten werden beträchtliche Anstrengungen um eine einheitliche, theoretische Erfassung, Ordnung oder Begründung der modernen EP unternommen. Dabei stellt sich heraus, dass das Gesamtfeld der modernen EP mit seinen unterschiedlichen Inhalten, Zielen, Arbeitsweisen, Adressaten und Anwendungsfeldern umfangreich zu betrachten ist. In diesem Sinne zeigt sich der folgende Definitionsversuch als Hilfsmittel und Verständigungsgrundlage der Arbeit. Auch wird deutlich, dass die Definitionen keinesfalls wertneutral oder objektiv sind. Vielmehr grenzen sie einander ab oder treffen Vorentscheidungen. Das nächste Kapitel schildert neben dem Definitionsversuch die Grundlagen der modernen EP und erläutert mögliche Reflexions- bzw. Transfermodelle.

3.1 Definition der modernen Erlebnispädagogik

In Anbetracht der rasanten Entwicklungen und der enormen Heterogenität erlebnispädagogischer Maßnahmen verwundert es nicht, dass die Definition der modernen EP alles andere als klar und eindeutig erfasst werden kann. FISCHER (1995) bemerkt, dass die Definitionsversuche der modernen EP, die Inhalt und Umfang dieser relativ jungen Disziplin interpretieren wollen, vielfältig und nicht selten konträr zueinander sind. Von der Ablehnung des Definitionsversuches bis zum spezifischen Ideensystemen reicht die

Bandbreite (WITTE 2002, S.45). Übereinstimmungen hingegen gibt es darüber, dass es sich bei der modernen EP um eine „spezifische Ausformung eines offenen, natürlichen und sozialen Erfahrungslernen" handelt (FISCHER und ZIEGENSPECK 2000, S.26). In der Definitionsdiskussion der modernen EP wird der Begriff des Erlebnisses aufgrund vieler unterschiedlicher Arten und Ausprägungen gesondert betrachtet. Während das Deutsche Wörterbuch das Erlebnis als „ein Ereignis [bezeichnet], dass jemand erlebt", benennt der Duden als Bedeutungswörterbuch das Erlebnis als ein „Geschehen, an dem jemand beteiligt war und durch das derjenige, diejenige stark und nachhaltig beeindruckt wurde" (vgl. DUDEN 1970). Fasst man die gängigen Bedeutungen zusammen, so lässt sich sagen: Ein Erlebnis ist ein Zusammenwirken aus inneren und äußeren Zuständen, tritt unmittelbar auf, ist stark gefühlsbetont, immer subjektiv und hinterlässt nachhaltig Spuren. In der Gesellschaft ist das Anpreisen von Erlebnissen allgegenwärtig. Es liegt im Trend der Gesellschaft, sich jung dynamisch, aktiv zu zeigen, das Leben zu intensivieren und zu dramatisieren (OELKERS 1995, S.113). Dies wird gleichwohl an der Existenz unzähliger unternehmensinterner „Erlebnismärkte" deutlich, „deren Zweck darin besteht, den Absatz von Gütern und Dienstleistungen zu fördern". Während der Erlebnismarkt allerdings vorwiegend kommerziellen Interessen verfolgt, ist dieser von der modernen EP klar abzugrenzen. In der modernen EP dient das Erlebnis zwar auch als Medium, doch die Zielsetzung besteht darin, durch erlebnisintensive Aktivitäten die Entwicklungsprozesse von Menschen, Gruppen oder Organisationen zu unterstützen (MÜLLER 2002, S.33 ff.). Für ZIEGENSPECK (1992) stellt die moderne EP eine noch sehr junge Teildisziplin der Erziehungswissenschaften dar. So lautet seine Definition: „Die Erziehungswissenschaft ist die Mutter der Erlebnispädagogik, hat aber selbst noch viele andere Kinder (Schul-, Sonder-, Sozial-, Freizeitpädagogik), die sich zu unterschiedlichen Zeiten unterschiedlich entwickelt haben und entwickeln konnten. Wie die Mutter so bleiben auch die Kinder Wissenschaften" (ZIEGENSPECK 1992, S.142). HECKMAIR und MICHL (1994) widersprechen diesen Ansichten, indem sie zwar feststellen, „dass die erlebnispädagogische Bewegung in der Pädagogik als Wissenschaft und Praxis eine Menge an Impulsen ausgelöst hat […]", sie aber gleichzeitig im Rahmen des pädagogischen Handelns lediglich eine handlungsorientierte Methode unter vielen darstellt (HECKMAIR und MICHL 1994, S.98). Ein etwas anderes Verständnis bekennen KLAWE und BRÄUER (2001), indem Sie die EP als pädagogische Grundeinstellung einstufen, „die darum bemüht ist, den pädagogischen Alltag in seinen Bezügen möglichst erlebnisintensiv zu gestalten" (KLAWE und BRÄUER 2001, S.9). Um sich der Definition eines erlebnispädagogischen Komplexes zu nähern, schlagen manche Autoren den Weg einer negativen

Abgrenzung vor: „Erlebnispädagogik ist nicht Schulung in speziellen Sportarten, wie sie von kommerziellen Sportorganisationen angeboten werden; sie ist nicht gleichzusetzen mit Extremsportarten, Sportunterricht, Fitnesstraining, paramilitärischen Aktivitäten, Überlebenstraining; das Abenteuer und Risiko finden nicht ohne pädagogische […] Betreuung statt" (REINERS 1995, S.17). Bezüglich der Frage, was die EP eigentlich ist, gelten die folgenden Definitionen als wegweisend: „Erlebnispädagogisches, unmittelbares Lernen mit Herz, Hand und Verstand in Ernstsituationen und mit kreativen Problemlösungsansätzen und sozialem Aufforderungscharakter bilden den Anspruchsrahmen erzieherisch definierter, verantwortbarer und auf eine praktische Umsetzung ausgerichteter Überlegungen, die auf individuelle und gruppenbezogene Veränderungen von Haltungen und Wertmaßstäben ausgerichtet sind und durch sie veranlasst und begründet werden" (ZIEGENSPECK 1992, S.142). Während ZIEGENSPECK (1992) vor allem die Lernenden in den Mittelpunkt der Betrachtung stellt, erwähnen HECKMAIR und MICHL (2004a) auch den Ort, die Räumlichkeit des Erlebnisses: „Unter Erlebnispädagogik verstehen wir eine handlungsorientierte Methode, in der durch Gemeinschaft und Erlebnisse in naturnahen oder pädagogisch unerschlossenen Räumen neue Raum- und Zeitperspektiven erschlossen werden, die einem pädagogischen Zweck dienen". Das Konzept „will als Teildisziplin der Pädagogik junge Menschen durch exemplarische Lernprozesse und durch bewegtes Lernen vor physischen, psychischen und sozialen Herausforderungen, vornehmlich in der Natur stellen, um sie in ihrer Persönlichkeitsentwicklung zu fördern und sie zu befähigen, ihre Lebenswelt verantwortlich zu gestalten" (HECKMAIR und MICHL 2004a, S. 102).

3.2 Konzeption der modernen Erlebnispädagogik

Obgleich es schwer fällt eine Definition der modernen EP zu finden, weisen erlebnispädagogische Lernsituationen eine gemeinsame innere Struktur auf. Die grundlegenden Elemente ergeben sich aus der konzeptionellen Idee, durch handlungsorientierte erlebnisintensive Aufgaben die Entwicklungsprozesse der Lernenden zu unterstützen. Demnach sollen die Lernsituationen freiwillig sein jedoch Ernstcharakter besitzen, Grenzerfahrungen ermöglichen, selbstgesteuert und ganzheitlich sein, gruppendynamische Aspekte berücksichtigen, Ressourcen aktivieren sowie die Wirksamkeit und Nachhaltigkeit durch Reflexion und Transfer sichern. Jedes Element besitzt somit seinen eigenen Stellenwert, steht aber mit den anderen in engem Bezug. Fällt ein Element aus, hat das Auswirkungen auf das ganze System. Gleichzeitig können Relevanz und Intensität der verschiedenen Elemente variieren.

Im Folgenden werden die einzelnen Elemente beschrieben (PAFFRATH 2018, S.85 ff.):

(1) Freiwilligkeit: Die EP setzt als „humanistische Methode an den Bedürfnissen der Teilnehmer an" (KLAWE und BRÄUER 2001, S.62). Diesem Menschenbild entsprechend gelten Selbstbestimmung und eigenverantwortliches Handeln nach freiem Willen sowie die Achtung von individuellen Grenzen als Grundvoraussetzung für erlebnispädagogisches Arbeiten. Bedingungen dafür sind die Freiwilligkeit der Teilnahme, Auswahlmöglichkeiten in der Planungsphase, Entscheidungsfreiheit über den Grad der Herausforderung, Selbstreflexion und Mitgestaltung von Auswertungsphasen. Die Freiwilligkeit bezieht sich dabei nicht auf die Teilnahme an den erlebnispädagogischen Aktivitäten, sondern vielmehr auf die Möglichkeit zu entscheiden, wie weit gegangen werden kann. Trotz der Offenheit oder gerade deswegen sind verbindliche Vereinbarungen notwendig. Die Einschränkungen ergeben sich spätestens durch die Aktivitäten aufgrund von Sicherheitsaspekten, durch die Rahmenbedingungen oder durch die Gruppe selbst (KINNE 2013, S.36-38).

(2) Ernstcharakter: Erlebnispädagogische Lernsituationen stellen die Lernenden vor Situationen und Aufgaben, die sich nicht nach Belieben umgehen oder zeitlich verschieben lassen, sondern unmittelbar zu bestehen sind (KLAWE 2000, S.151). Attraktiv werden die Angebote für die Lernenden, wenn sie ihre Neugier wecken, über das Gewohnte hinausweisen oder eine konkrete Bedeutung besitzen. Der Verantwortungs- und Handlungsraum sollte dabei nicht mehr als nötig eingeschränkt werden. Die Selbstorganisation und Gestaltungsfreiheit haben zudem oberste Priorität. Im gelungenen Fall führt die Neuartigkeit zu spontanen Reaktionen, welche das gemeinsame und kooperative Handeln unterstützt (RAITHEL et al. 2007, S.212). Voraussetzung dafür ist, dass der Grad der Herausforderung eigenständig bestimmt wird und keine Unter- oder Überforderung, Resignation oder Frustration eintreten (KINNE 2013, S.35).

(3) Handlungsorientierung: Im Gegensatz zu theoriebildenden Lernsituationen dominieren Vermittlungsstrategien, bei denen es um Fertigkeiten und Kenntnisse geht, die vorrangig praktisch erfahrbar gemacht werden. Dabei steht das tatsächliche Tun im Vordergrund jeder erlebnispädagogischen Lernsituation und muss die SuS ganzheitlich berühren (ZIEGENSPECK 1992, S.15). John Dewey's Ansatz „Learning by doing" betont gerade den wechselseitigen Zusammenhang zwischen handeln, wahrnehmen, empfinden, reflektieren, auswerten und planen. Dies gilt für Abenteueraktivitäten ebenso für experimentelle Lernszenarien oder konstruktive Problemlösungsaufgaben. Zudem begründen moderne Handlungstheorien überzeugend, wie wirksam die Handlungskomponente für das Lernen ist (vgl. GUDJONS 1992).

(4) Ressourcenorientierung: Die Ressourcenorientierung stellt nicht nur ein bestimmtes methodisches und didaktisches Ziel für die Gestaltung der Lernszenarien dar, sie dokumentiert den Wandel von einer defizitorientierten Einstellung zu einer wachstumsorientierten Sichtweise. Also von Schwächen und Störungen hin zu vorhandenen Stärken, Kompetenzen und verborgenen Potenzialen der SuS. Positive Erwartungen können im Sinne einer sich selbsterfüllenden Vorhersage reale Auswirkungen haben und den bekannten „Pygmalion-Effekt" nach Jacobson Rosental auslösen. Demnach bestätigt sich die vorweggenommene Einschätzung der LuL in vielen Fällen im späteren Verlauf der gemeinsamen Arbeit (PAFFRATH 2017, S.86). In der modernen EP werden nach dem anerkannten „Zonenmodell" von John Luckner und Reldan Nadler Lern- und Veränderungsprozesse zwischen Komfort- und Panikzone angesiedelt (s. Abbildung 1) (MICHL et al. 2002, S.32; NADLER und LUCKNER 1991, S.59 ff.). Ziel ist einerseits die Erweiterung der Komfortzone und andererseits die Sensibilisierung für individuelle Grenzbereiche, um nicht in die Panikzone zu gelangen. Die eigenen Grenzen zu kennen und zu wahren ist eine Voraussetzung für selbstverantwortliches Handeln, wodurch individuelle Wachstumsprozesse in Bezug auf sich selbst, die Gruppe und die Umwelt angestoßen werden können (KINNE 2013, S.33).

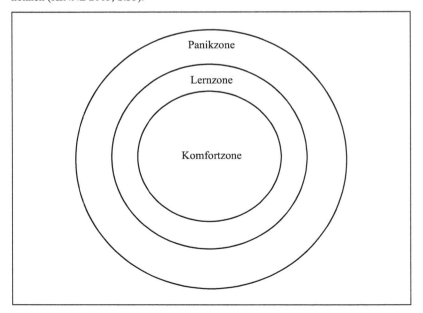

ABBILDUNG 1: DAS DREI-ZONEN-MODELL (MODIFIZIERT NACH NADLER 1991)

(5) Soziale Interaktion: Als soziales Wesen ist der Mensch auf Interaktion und Kommunikation angewiesen. Die Gruppe als Lernfeld bietet den Rahmen für dialogisches Lernen, gemeinsame Erlebnisse oder den Umgang mit Konflikten (KINNE 2013, S.46). Ausgehend vom Entwicklungsstand der Gruppe kann durch eine bewusste Auswahl von Aktivitäten ein gruppendynamischer Entwicklungsprozess initiiert werden. Soziale Erfahrungen aus früheren Interaktionssituationen dienen dabei als Orientierung für künftiges Handeln. Ziel der Gruppendynamik ist es, zwischenmenschliche Umgangsformen zu fördern. Dabei geht das Agieren in der Gruppe mit dem Vertrauen der eigenen Fähigkeiten und der Einschätzung der Fähigkeiten anderer einher (HARZ 2007a, S.40).

(6) Aktion und Reflexion: Erst wenn die Reflexionsphasen bewusst und zeitlich kontinuierlich eingeplant werden, wird von erlebnispädagogischen Maßnahmen gesprochen. REINERS (1995) verdeutlicht, dass „das, was sich in der Psyche des Erlebenden eindrückt, […] wieder zum Ausdruck gebracht werden muss, damit eine Verbindung […] von Fühlen und Verstehen möglich ist" (REINERS 1995, S.22-23). Folglich lässt sich durch den Wechsel von Aktion und Reflexion und aufgrund der ganzheitlichen Betrachtung des Erlebnisses, die Erfahrung nachempfinden, analysieren und bewerten (STÜWE 1998, S.186). Daraufhin wird das Erlebnis für die Teilnehmer/innen transparent und die Erkenntnisse können auf alltägliche Situationen übertragen werden. Gelingt der Transfer in den Alltag ist der Reflexionsprozess abgeschlossen (KINNE 2013, S.41-42). Inwieweit das Erlebnis dann aber nachreichende Entscheidungen beeinflusst, hängt von der persönlichen Bewertung der Situation, von der Angst und Neugier der Teilnehmer/innen, von der Attraktivität der Aufgaben sowie von den gesellschaftlichen Rahmenbedingungen ab (PAFFRATH 2018, S.154).

3.3   Aktualität und Legitimation von Erlebnispädagogik heute

Es klingt paradox: Einerseits besteht eine regelrechte Reizüberflutung durch vordergründige Erlebnisangebote eines derzeitig expandierenden „Erlebnismarktes", andererseits wird der Gesellschaft eine allgemeine Erlebnisarmut zugeschrieben (ANTES 1993, S.11). So ist der Freiraum für die SuS im Laufe der Jahrzehnte immer enger geworden und die „Räume des Aufwachsens von zunehmend geringeren Handlungsmöglichkeiten und geringeren Verantwortlichkeitsbereichen gekennzeichnet" (FEND 2003, S.171). Insbesondere im Stadium der Selbstsuche bleiben Möglichkeiten der Entdeckung und Erprobung und Bedürfnisse nach sinnhaften, anschaulichen und tätigen Erfahrungen auf der Strecke bzw. können von der Schule nicht vollständig übernommen werden (FATKE 1997, S.35-48). Im Zuge der Konkurrenzsituation auf dem Arbeitsmarkt steigt außerdem der

Leistungsdruck an die SuS, verbunden mit mehr Zeit am Schreibtisch und weniger Zeit für „echte" Erfahrungen in der Freizeit. Gleichzeitig beschränken sich Handlungs- und Erlebnismöglichkeiten auf den häuslichen Bereich in Form eines Rückzuges oder in der digitalen Welt (FATKE 1997, S.39). Durch die gesellschaftsbedingte Konsumhaltung und den damit verbundenen „Erleben aus zweiter Hand" verliert der Heranwachsende den Kontakt zur tatsächlichen Gesellschaft und zur Realität. WITTE (2002) verweist in dem Zusammenhang auf die sogenannten indirekten „Erlebnisse", die nicht zum Kern der Persönlichkeit hervordringen. Diese „Erlebnisse" bedürfen „keiner weiteren Bearbeitung", da von keiner nachhaltigen Wirkung ausgegangen werden kann (WITTE 2002, S.36-37). Besonders ernst wird es, wenn das ungesättigte Bedürfnis „unkontrollierte Ventile sucht und sich dann in Aktionen, die jenseits der Legalität liegen" kompensiert (REINERS 2000, S.7). Infolgedessen kann der gesamte Entwicklungsprozess weitreichende Auswirkungen auf die Persönlichkeits- und Identitätsentwicklung der SuS nehmen. In der Tabelle 1 sind aus erlebnispädagogischer Sicht die Defizite und Forderungen der Gesellschaft zusammengestellt.

Die EP geht von folgenden Defiziten aus...	Die EP fordert entgegenzuwirken, indem...
<ul><li>von den verringerten Möglichkeiten sich Erlebnisse selbst zu verschaffen</li><li>von den medial vermittelten Ersatzerlebnissen</li><li>von dem Verlust der natürlichen Umwelt</li><li>von der verstärkten Individualisierung bzw. Isolierung</li><li>von den vergessenen Körpern und dem Schwinden der Sinne</li><li>von der Überforderung und Desorientierung in einer komplexen Gesellschaft</li><li>von der Einflusslosigkeit, Ohnmacht und Perspektivlosigkeit der SuS</li></ul>(ZIEGENSPECK 1992; FISCHER 1995 SOMMERFELD 1993)	<ul><li>im Rahmen ihrer Intervention eine „Lebenswelt" gestaltet wird, die zu echten Erfahrungsschätzen verhilft</li><li>der Einzelne handelnd herausfordert wird</li><li>ein Lernen an der unmittelbaren Wirklichkeit ermöglicht wird</li><li>naturnahe, gruppenbezogene und bewegungsorientierte Elemente hervorgehoben werden</li><li>zu tiefem Erleben, Sinnhaftigkeit und Emotionalität befähigt wird</li><li>geholfen wird sich selbst kennen und einschätzen zu lernen</li></ul>(MICHL 2020; REINERS 2000; SCHULZE 2005).

TABELLE 1: ERLEBNISPÄDAGOGISCHE WAHRNEHMUNG (EIGENE DARSTELLUNG)

Somit besitzt die moderne EP als alternatives Erziehungs- und Bildungsmodell eine kompensatorische Funktion und findet Einklang in zahlreiche Arbeiten (vgl. SOMMERFELD 1993; vgl. REINERS 2004; vgl. BAIG-SCHNEIDER 2012). Aktuell kann die moderne EP in drei Anwendungsbereiche unterschieden werden: Erstens in klassischen natursportlichen Outdoor-Aktivitäten wie Klettern, Segeln, Höhenbegehungen oder Expeditionen. Zweitens in neue Lernorte und Aktivitäten wie Kooperations- Interaktionsübungen und konstruktive Problemlösungsaufgaben und drittens in erlebniszentrierte Lehr- und Lernformen wie didaktisch-methodische Arrangements zur Aktivierung der Handlungsorientierung durch ein endeckendes, forschendes und projektorientiertes Lernen (PAFFRATH 2017, S,66 ff.). Die Angebote der modernen EP umfassen Kurzzeitmaßnahmen wie Langzeitprojekte und verfolgen ganz unterschiedliche Intentionen. In der Kinder- und Jugendhilfe ist sie zum festen Bestandteil der Methodik geworden, um einen Beitrag zur Persönlichkeitsentwicklung der jungen Menschen zu leisten. Mit der Funktion eines „finalen Rettungskonzeptes" kommt sie in der Arbeit mit ausgegrenzten, sozial und bildungsbenachteiligten Jugendlichen zum Einsatz. Aber auch außerhalb der „Problemgruppen" finden erlebnisorientierte Ansätze in Vereins-, Verbands- und kirchlicher Jugendarbeit Anwendung (vgl. SALZMANN 2001). Sogar vor dem Hintergrund der Schulung von Führungskräften, Mitarbeitern und Auszubildenen steht sie in berufspädagogischen Zusammenhängen (BAUER 2001, S.61).

3.4   Reflexionstypen und Reflexionsmodelle

Der aktuelle Präsenz der modernen EP als Erziehungs- und Bildungsmodell in unserer Gesellschaft liegt nach Simon Priest an den Gewinn die Erlebnisse strategisch reflektieren zu können. So hat Simon Priest (1990) sechs verschiedene Typen der Aktion und Reflexion, welche unterschiedliche Anforderungen an den Reflexionsprozess stellen, definiert. Die Gestaltungsmöglichkeiten der Reflexion reichen von der „Reflexion vor der Aktion" als „direktives, metaphorisches Handlungslernen" über die „Reflexion während der Aktion" als „Handlungslernen pur" hin zur „Reflexion nach einer Aktion" als „kommentiertes Handlungslernen" oder als „Handlungslernen durch Reflexion" und enden u.a. in den Reflexionsmodellen „The mountains speaks for themselves", dem „Outward Bound Plus Model" und in dem „metaphorischen Modell des Lernens" (zit. nach MICHL et al. 2002, S.64). Um die Wirkungsweisen der modernen EP zu verstehen (s. Kap. 4), ist es auch hier notwendig die historische Entwicklung der Reflexionstypen und Reflexionsmodelle nachzuvollziehen.

Beim **Handlungslernen pur (1940-1950)** ist das Erlebnis so stark, dass es eine automatische Wirkung auf das Alltagsverhalten der Teilnehmer/innen hat und positiv prägt. Allerdings müssen die Teilnehmer/innen eine starke Selbstreflexion und Selbstreaktion aufweisen, damit die Erfahrungen des eindrucksvollen Erlebnisses gesichert werden, da auf eine gemeinsame und offene Reflexion verzichtet wird (EISINGER 2016, S.86). Im **kommentierten Handlungslernen (1950-1960)** fassen die LuL die wesentlichen Lernziele zusammen. Die SuS kommen somit nicht zu einer eigenen Reflexion. Diese Art der Reflexionsmethode kann insbesondere bei Gruppen, bei denen eine selbstständige Reflexion misslingt, angewendet werden. Allerdings sind die SuS in diesem Zusammenhang oftmals auf die Hilfe von außen angewiesen (EISINGER 2016, S.89). Beim **direktiven Handlungslernen (1970-1980)** werden die Lernziele von vornerein definiert und Inputs für die Aktion anmoderiert. Die Freiheit der SuS selbst zu entscheiden ist von Anfang an eingeschränkt und gesteuert, worunter die Motivation und das Engagement der Teilnehmer/innen leidet. Andererseits werden Lernziele einfacher erreicht, da klare Anweisungen bestehen (EISINGER 2016, S.93-94). Beim **metaphorischen Handlungslernen (1980-1990)** wird Wert daraufgelegt, eine möglichst große Strukturähnlichkeit zwischen Aktion und Alltagsrealität der SuS zu schaffen. Dabei beteiligen sich die LuL pädagogisch, verzichten allerdings bewusst auf die Reflexion. Die gemachten Erfahrungen können durch die Anwendung von Metaphern auf ähnliche Alltagssituationen übertragen werden und werden unbewusst gefestigt (EISINGER 2016, S.95-96). Beim **Handlungslernen durch Reflexion (1990-heute)** sind die Aktionen und Reflexionen klar geplant. Die gemachten Erfahrungen werden in anschließenden Reflexionsrunden kognitiv im Gespräch verarbeitet, um so das Erlebte ins Bewusstsein zu heben. Diese Reflexionsmethode besitzt eine hohe Ergebnissicherung. Die LuL halten sich zurück und geben den SuS die Möglichkeit die eigenen Aussagen zu reflektieren und Erkenntnisse zu gewinnen (EISINGER 2016, S.91).

Die Reflexionstypen lassen sich zum Teil in jahrelang erprobten Modellen wiederfinden. Das Modell „**The Mountains speak for themselves**" nimmt an, dass ein besonders eindrucksvolles Erlebnis eine Wirkung auf den Alltag besitzt. Es ist das ursprüngliche Wirkungsmodell der EP, in welchen das Erlebnis im Mittelpunkt steht und die LuL herausfordernde Situationen in der Natur mit allgemeinen Zielsetzungen und prägenden Wirkungen arrangieren. Das Modell verzichtet dementsprechend auf Reflexionen, viel eher geht es um die Bewältigung der Herausforderung und die Bewährung der Situation. Während Befürworter überzeugt sind, dass die „Tiefenerlebnisse oft einen Raum des

Schweigens brauchen", betonen Kritiker, dass „niemand sich bei diesem Konzept um die pädagogische Wirkung bemüht, niemand die Erlebnisse zu Ergebnissen verarbeiten will, alles nur wirken soll und sich niemand um die Messbarkeit der Lernerfolges kümmert" (PAFFRATH und ALTENBERGER 2002, S.90 f). Das „Outward Bound Model" (s. Kap. 2.1.4.) hat mit ähnlicher Kritik auf die Vorwürfe der fehlenden Auswertung reagiert, weswegen sich das „Outward Bound Plus Model" entwickelte. Das **„Outward Bound Plus Model"** ergänzt den „Outward Bound" Ansatz (Kap. s. 2.5) durch die gezielte Einbeziehung der Reflexion. Hierbei ist das Erlebte über die Ebene der emotionalen Ergriffenheit bewusst zu machen und kognitiv zu verarbeiten. Arrangierte Reflexionsphasen sollen die Wirkung intensivieren und den Transfer angesichts zunehmender zeitlicher Verkürzung erlebnispädagogischer Programme sichern und aus dem Erlebten eine bewusste Erfahrung machen (MICHL 2020, S.73-75). Die LuL werden unterdessen zu Beobachter im Gruppenprozess und halten persönliche Grenzerfahrungen, individuelles Verhalten, eigene Lösungsstrategien in schwierigen Situationen fest. Kritik an dem Modell gibt es insofern, als dass die LuL Aspekte in der Reflexion betonen können, die den Teilnehmern in der Gruppe gar nicht so wichtig sind. Das von Francis Bacon (1983) propagierte **„metaphorische Modell des Lernens"** hat in Deutschland große Resonanz gefunden. In diesen Modell findet die angestrebte Synthese von Handeln, Erleben und Erkennen nicht mehr in erster Linie über eine kognitive Verarbeitung oder eine nachträgliche Reflexion statt, stattdessen ergeben sich entscheidende Prozesse intuitiv und plötzlich durch „identische Strukturelemente" (BACON 1983, S.11). Beim metaphorischen Lernen sollen prägende Bilder, Symbole, Redewendungen, Gedanken, Fantasien, sprachliche Metaphern, die vor oder während eines erlebnispädagogischen Trainings Bedeutung erlangen, Lernprozesse gestalten und ermöglichen. Dadurch können Tiefenschichten des Individuums erreicht und so nachhaltige Veränderungen bewirkt werden (MICHL 2020, S.75-78). Aber auch bei diesem Modell wird Kritik deutlich: die neuen Verhaltensweisen können durch erlebnispädagogische Maßnahmen zwar gelernt, aber nicht angewendet werden. Außerdem bestärkt die fehlende Nachbetreuung das Problem, zurück in gewohnte Verhaltensweisen zu fallen. Insgesamt lässt sich festhalten, dass die Effektivität der einzelnen Reflexionstypen und Reflexionsmodelle abhängig von den jeweiligen Anwendungssituationen und von der Zielgruppe sind. Dabei hat sich gezeigt, dass die erlebnispädagogischen Arrangements sich umso wirksamer zeigen, je besser der Transfer in Alltagssituationen gelingt. Die Wirkung der modernen EP auf die Persönlichkeitsentwicklung ist Inhalt des nächsten Kapitels.

4 Persönlichkeitsentwicklung als Dimension der modernen Erlebnispädagogik

Aus bisheriger Ausführung ist deutlich geworden, dass der modernen EP einen umfassenden Modifikationsanspruch zugesprochen wird und „sie aus dem Impuls heraus entwickelt wurde, Menschen in ihrer Persönlichkeitsentwicklung zu fördern" (FENGLER 2007, S.43). Um die Wirkungsweisen zwischen moderner EP und Persönlichkeitsentwicklung zu verdeutlichen, sollen im Folgenden Begriffsbestimmungen, Kontextualisierungen und Erklärungsansätze herangezogen werden, die die Wirkung erlebnispädagogischer Maßnahmen auf die Persönlichkeitsentwicklung der Heranwachsenden verdeutlichen. Die Auswirkungen des erlebnispädagogischen Arbeitens werden insbesondere auf das Persönlichkeitsmerkmal der Selbstwirksamkeit geprüft. Dabei ist zu berücksichtigen, dass der Findungsprozess der Wirkungsweisen noch längst nicht abgeschlossen ist. Außerdem besteht eine Uneinigkeit darüber, „ab welcher Datenmenge und -qualität von einer validen belegten Effizienz auszugehen wäre" (FENGLER 2007, S.47).

4.1 Begriffsbestimmung und Kontextualisierung

David Sears (1950) stellt fest, „kein Gebiet der Psychologie ist hinsichtlich seiner Theorie [...] verwirrender, als das der Persönlichkeit" (zit. nach PERVIN 2000, S.9). Längst haben die Ansätze der Psychoanalyse, des Behaviorismus, der humanistischen Psychologie oder der Sozialpsychologie sowie zahlreiche andere Disziplinen eigene Persönlichkeitstheorien entworfen. Heute spiegelt sich die Vielseitigkeit der Persönlichkeitsdefinitionen in der Menge an Typen- und Eigenschaftentheorien wider, die „für einen Menschen typische Verhaltensmuster" beschreiben (MYERS et al. 2005, S.584). Die vorliegende Arbeit geht von folgender Definition aus: Persönlichkeit wird verstanden als die Gesamtheit aller zeitlich und situational relativ stabilen Persönlichkeitseigenschaften einer Person (ASENDORPF 2007, S.475). Dabei werden bestimmte Merkmale (Wesenszüge, Werthaltungen), Einstellungen (gegenüber sich selbst, der Gesellschaft, dem Leben) und Handlungskompetenzen in Charakterstrukturen geprägt, die die „Grundlage der individuellen Muster des Fühlens, Denkens und Verhaltens ausmachen und dem Menschen seine Einzigartigkeit und Individualität verleihen" (vgl. PERVIN 2000; vgl. HURRELMANN 1999; vgl. KOHNSTAMM 1999). Im Prozess der Definitionsfindung kommen die Persönlichkeitstheorien immer wieder auf das Selbstkonzept als Schlüsselvariable zurück (FENGLER 2007, S.99 ff.). Die Unverzichtbarkeit des Selbstkonzeptes wird insofern begründet, als dass, erstens die Wahrnehmung von sich selbst ein wichtiger Bestandteil der subjektiven Erfahrung darstellt, zweitens weil die Art und Weise, wie das Selbst empfunden wird das Verhalten in vielen Situationen beeinflusst und drittens das Konzept des Selbst dazu dient, die organisierten, integrierten Aspekte der Persönlichkeit zu beschreiben. Aber auch für das Selbstkonzept fehlt eine präzise, eindeutige Begriffsbestimmung, insbesondere wenn ähnliche Begriffe wie das Selbstbild, die Selbstreflexion oder das Selbstwertgefühl uneinheitlich verwendet werden. FILIPP (1985) fasst das Selbstkonzept als „Produkt der Verarbeitung selbstbezogener Informationen" auf und geht von „bereichsspezifischen Facetten des Selbstkonzeptes" aus. Folglich kann auch die Selbstwirksamkeit als eine solche Facette gesehen werden (FILIPP 1985, S.285 f). Auch DEUSINGER (1986) definiert, dass das Selbstkonzept durch verschiedene Aspekte der Person gekennzeichnet ist, wie beispielweise durch Kognitionen und Gefühle zum eigenen Körper, durch Erfahrungen und Bewertungen zu eigenen Fähigkeiten oder durch Stimmungen und Emotionen zu eigenen Handlungen (DEUSINGER 1986, S.11). In Anbetracht der ganzheitlichen Förderung im erlebnispädagogischen Lernfeld, sind „Erlebnispädagogik und Selbstkonzept-Modifikationen gewissermaßen als zusammengehörig zu verstehen" (FENGLER 2007, S.84 ff.).

4.2 Erlebnispädagogische Wirkungsweisen im Bezug zum Selbstkonzept

Die grundsätzliche Möglichkeit einen allgemeinen Modifikationsanspruch der EP festzustellen, besteht darin, von erlebnispädagogischen Handlungen auf ein verändertes Verhalten im Lernprozess zuschließen. So berief man sich eine Zeit lang zur Erklärung erlebnispädagogischen Lernens auf behavioristische Ansätze, in denen sich das menschliche Verhalten durch die systematische Variation von Reizen, Reaktionen und Konsequenzen erklärt (vgl. SKINNER 1938). Rein behavioristische Herangehensweisen gelten heute allerdings als überholt. Albert Bandura (1995) geht im Rahmen seiner „sozial-kognitiven Lerntheorie" davon aus, dass sowohl die Person und ihre internen Mechanismen als auch Umwelteinflüsse das Verhalten der Menschen festlegen und konstatiert eine wechselseitige Beeinflussung und Abhängigkeit von Verhalten, Persönlichkeit und Umweltereignissen (BUCHWALD 1996, S.93). Auch SCHWARZER und KOBLITZ (2004) gehen davon aus, dass die in Kooperation und in Auseinandersetzung mit dem Umfeld stattfindenden Aktivitäten von besonderer und lernfördernder Wirkung sind. Desweiteren wird in humanistischen Ansätzen angenommen, dass bereits die zwischenmenschliche Beziehung die Wirkung erlebnispädagogischer Prozesse wesentlich bedingt. ROGERS (1997) betont, dass das Potential der EP erschlossen wird, wenn ein klar definiertes, vertrauensvolles Klima mit förderlicher psychologischer Einstellungen hergestellt werden kann (ROGERS 1997 S. 66 ff., WITTE 2002, S.60). In Anlehnung an WATZLAWICK (1969) betont FENGLER (2008) die Bedeutsamkeit des Axioms sich in einer Gemeinschaft „nicht nicht verhalten zu können" und stellt heraus, dass der Herausforderungscharakter erlebnispädagogischer Aktionen, „jeden Einzelnen zu einer Vielzahl von inneren und äußeren Entscheidungen und Erkenntnissen" zwingt (vgl. WATZLAWICK 1969, FENGLER et al. 2008, S.114). Demzufolge kann es in den Prozessen der Selbstwahrnehmung und Selbsteinschätzung in hohem Maße zu reflexiven Selbstzuweisungen kommen (BALZ 1993, S.10). In diesem Zusammenhang setzt AMESBERGER (2003) der Persönlichkeitsentwicklung im erlebnispädagogischen Setting ein zugrundliegendes Menschenbild voraus. Das Menschenbild beschreibt ein wachstumsorientiertes, nach Selbstverwirklichung strebendes Wesen, welches für seine Ideen, Gefühle und Handlungen Verantwortung übernimmt und „potenziell über unerhörte Möglichkeiten verfügt, [...] sich selbst zu begreifen und wichtige Impulse zu setzen" (AMESBERGER 2003, S.45 ff.). Diese Erkenntnisse werden auch nach LAKEMANN (2008) auf künftige Verhaltensweisen Einfluss nehmen, indem Grenzerfahrungen, die im Zuge von erlebnispädagogischen Aktivitäten entstehen, auf bereits erworbene Konzepte (Lebensentwurf, Weltanschauung, Verhaltensorientierung etc.) geprüft werden. LAKEMANN (2008) betont, dass der Mensch neue Ressourcen entdecken muss, wenn die „aus dem Erlebnis resultierenden Anforderungen nicht mehr mit den alltäglich verwendeten Ressourcen adäquat zu bewältigen sind (vgl. Abbildung 1) (LAKEMANN 2008, S.17). Auch FENGLER (2007) macht darauf aufmerksam, dass „sich Menschen im Erleben und Durchleben von Grenzerfahrungen verändern und im Zuge dessen zu vertiefter Selbstkenntnis gelangen [...]". Im Rahmen der Reflexionsrunden geht er davon aus, dass das wahrgenommene Eigenverhalten in Bezug auf andere und in Interaktion mit anderen thematisiert wird und so die Selbstreflexion eingeleitet werden kann (FENGLER 2007, S.115).Selbstbeobachtung, sozialer Vergleich, Perspektivenübernahme, antizipierte Fremdwahrnehmung wie auch direktes Feedback sind heutzutage feste Bestandteile moderner erlebnispädagogischer Arbeit (s. Kap. 3.4). Prinzipiell ist also davon auszugehen, dass die Wirkung eines erlebnispädagogischen Arrangements nicht im Sinne einer linearen Ursache-Wirkungs-Beziehung programmierbar ist. Faktoren wie die Gruppengröße, die Aktionsdauer, der Aktionstyp, der Aktionsauftrag und dessen Reflexion beeinflussen das erlebnispädagogische Arrangement mit unterschiedlichen Wirkungsweisen (LAKEMANN 2008, S.82 f.). Um die Wirkung erlebnispädagogischer Maßnahmen auf die Persönlichkeitsentwicklung der SuS noch besser bewerten zu können, wird die Selbstwirksamkeit als persönlichkeitsbildene Merkmal genauer betrachtet.

4.3 Selbstwirksamkeit als persönlichkeitsbildenes Merkmal

Albert Bandura (1925) „Wenn die Selbstwirksamkeit fehlt, neigen die Menschen dazu, sich ineffektiv zu verhalten, obwohl sie wissen was zu tun ist."

(vgl. BANDURA 1995)

In Kapitel 4.1 und 4.2 wurde bereits darauf hingewiesen, dass eine überdauernde Erwartungshaltung den Charakter von Persönlichkeitsmerkmalen beschreibt und das diese in einen Reflexionsprozess eingebunden werden müssen, um die Selbstwirksamkeitserfahrungen zu stärken. SCHWARZER und JERUSALEM (1999) erweitern das Verständnis, indem sie behaupten: „wenn man angesichts einer ganzen Reihe von Lebensproblemen spezifische Selbstwirksamkeitserwartungen hegen kann, liegt der Gedanke nahe, dass sich eine Mehrzahl davon zu einem generalisierten und zeitstabilen Konstrukt arrangieren ließe". Dies erscheint vor allem hilfreich, „um die diagnostische Lücke zwischen dem relativ stabilen Fähigkeitskonzept und den situationsspezifischen Erwartungen zu schließen" (SCHWARZER und JERUSALEM 2002, S.130). So schließt das „Konzept der allgemeinen Selbstwirksamkeitserwartung" alle Lebensbereiche mit ein und bringt die persönliche Einschätzung der eigenen Kompetenzen zum Ausdruck. Auch andere verwandte Konstrukte befassen sich mit generalisierten positiven Erwartungshaltungen als Grundlage einer dauerhaften effizienten Selbstregulation und legen eine Fülle an empirischen Belegen über die hohe Erklärungskraft und praktische Bedeutung von Selbstwirksamkeit in ganz unterschiedlichen Lebenskontexten vor (vgl. ROTTER 1966; vgl. SCHEIER und CARVER 1992). Albert Banduras Theorie der „Selbstwirksamkeitserwartungen" eignet sich als Basis für eine konzeptionelle Begründung der erlebnispädagogischen Praxis, weil er den Begriff der Selbstwirksamkeitserwartungen in das erlebnispädagogische Verständnis bringt. Er vertritt zum einen die Ansicht, dass das menschliche Verhalten nicht nur durch äußere unmittelbare Konsequenzen, sondern vielmehr durch Erwartungshaltungen und Selbstregulierungsprozessen beeinflusst wird (vgl. BANDURA 1995, 2000). Um zu klären, inwiefern Kompetenzerwartungen aufgebaut oder abgebaut werden, führt Albert Bandura vier wesentliche Quellen der Selbstwirksamkeitsurteile an, die zur Persönlichkeitsentwicklung im erlebnispädagogischen Kontext beitragen. Die erste Quelle beschreibt die „direkten, eigenen Handlungen im Lernprozess", aus denen unmittelbare Erfolge und Misserfolge erschlossen werden können. So wird das Individuum indem es sich selbst in einer Bewältigungshandlung befindet, durch unmittelbare geforderte Verhaltensweisen und individuellen Ausführungsmöglichkeiten kompetent (vgl. BANDURA 1986).

Die zweite Quelle bezieht sich auf das „Maß der Anstrengung der tätigen Person". Dabei bestimmt die Selbstwirksamkeit darüber, wie viel Anstrengung für die Erreichung eines Ziels aufgewendet und wie viel Beharrlichkeit und Durchhaltevermögen in Bezug auf eine schwierige Aufgabe gezeigt wird. So werden Anstrengungen von Menschen mit hoher Selbstwirksamkeitserwartungen so lange intensiviert, bis das Ziel erreicht ist. Außerdem erholen sich selbstwirksame Personen schneller von Rückschlägen, als weniger selbstwirksame Personen (SCHWARZER 1994, S.105). Die dritte Quelle bezieht sich auf die „emotionalen Reaktionen der Personen". Menschen mit einer hohen Selbstwirksamkeitsüberzeugungen werden durch diese Quelle Aufgaben in guter Stimmung angehen und sich sicherer, kompetenter und weniger ängstlich fühlen, als Personen mit geringer Kontrollwahrnehmung (PERVIN 2000, 10 ff.). So konstatiert Albert Bandura dass eine hohe Einschätzung persönlicher Selbstwirksamkeitserwartungen Stressoren und Ängste reduziert. Die vierte Quelle bezieht sich auf die „Bewältigung der Situation". Demnach fördert eine hohe Kompetenzerwartung Formen der Auseinandersetzung mit stressreichen Situationen und ist insofern als personale Ressource zu verstehen. Somit zeigt sich die Eignung des Selbstwirksamkeitskonstrukt insbesondere für das menschliche Verhalten, als Erklärung, Prognose von Motivation und Leistung, Sozialverhalten, seelischer und körperlicher Gesundheit oder der Bewältigung von Problemen als besonders hilfreich. Auch viele weitere Untersuchungen haben ergeben, dass eine hohe Selbstwirksamkeit in positivem Zusammenhang mit Persönlichkeitsvariablen korreliert, wie beispielsweise dem Selbstwertgefühl, der Neugierde, der optimistischen Einstellung und der psychischen Stabilität. Gering ausgeprägte Selbstwirksamkeitsüberzeugungen korrelieren hingehen positiv mit Angst, Schüchternheit, Hilflosigkeit, Einsamkeit und Depressivität (BUCHWALD 1996, S.93, LAKEMANN 2008, S.85). SCHWARZER (1994) verdeutlicht, dass eine kompetente Selbstregulation auf der Grundlage von Selbstwirksamkeit für eine erfolgreiche Lebensbewältigung bedeutsam ist, indem Enttäuschungen leichter zu verkraften sind (SCHWARZER und JERUSALEM 1999, 108 f).

Insgesamt lässt sich resümieren, dass die Quellen der Selbstwirksamkeit in erlebnispädagogische Settings erfahrbar gemacht werden können. Außerdem konnte herausgestellt werden, dass diese Selbstwirksamkeitsüberzeugungen einen richtungsweisenden Faktor für die Persönlichkeitsentwicklung darstellen. Inwiefern die Wirkungszusammenhänge bereits empirisch fundiert sind und in den schulischen Kontext eingeplant werden können, soll Gegenstand des nächsten Kapitels sein.

5 Empirische Befunde zur Wirkung erlebnispädagogischer Schulprogramme auf die Persönlichkeit

Das Potential der modernen EP wird in der Schule bisher nur in wenigen Ansätzen genutzt. Die Tatsache, dass in der beruflichen Bildung nicht mehr ausschließlich wissenschaftsorientiert und fachsystematisch gedacht wird, bietet Möglichkeiten zumindest in der Ausbildung erlebnispädagogisch zu arbeiten (KMK 2011, S.4). Mit der Lernfelddidaktik, die fächerübergreifend konzipiert ist, wird eine Struktur vorgegeben, die eine Handlungsorientierung und eine stärkere Arbeitsprozessorientierung erfordert. In diesem Kontext soll im nächsten Kapitel die folgende Forschungsfrage empirisch beantwortet werden: *Inwiefern sind erlebnispädagogische Maßnahmen zur Stärkung der Selbstwirksamkeit der SuS in der Berufsschule sinnvoll?*

5.1 Dokumentation bisheriger empirischer Befunde

Im Rahmen dieser Arbeit können nicht alle empirischen Studien vorgestellt werden, sondern lediglich eine repräsentative Auswahl. Eine Reihe von Untersuchungen zur Wirksamkeit der EP werden von JAGENLAUF (1992) zusammengefasst. Angefangen mit der Wirkungsanalyse von „Outward Bound", in welcher nachgewiesen werden konnte, dass die Kurse eine intensive Gruppendynamik auslösten, stellt er mit der Wirksamkeitsforschung anderer erlebnispädagogischer Kurse eine deutliche Steigerung der Selbstsicherheit, eine Zunahme der Sorgfalt bei Aktivtäten, eine Steigerung des Körperbewusstseins und ein Wachstum von sozialen Kompetenzen fest (JAGENLAUF 1990, S.50-51). Hingegen hat AMESBERGER (1992) die Wirkung von Outdoor-Aktivitäten auf sozial Benachteiligte untersucht. Dabei konnte nachgewiesen werden, dass sich die allgemeine Befindlichkeit, das Selbstwertgefühl, die Konfliktlösungskompetenz stark verbessert haben und persönliche Ziele deutlicher formuliert werden konnten (AMESBERGER 1992, S.232 ff.). Auch LAKEMANN (2005) hat sich intensiv mit Wirkungsimpulsen von EP und Outdoor-Aktivitäten auseinandergesetzt. So hat sie in mehreren Fallstudien unter anderen die Identitäts- und Persönlichkeitsentwicklung sowie die Wirkung von erlebnispädagogischen Maßnahmen in der offenen Jugendarbeit untersucht. In allen Fällen hat sich gezeigt, wie wichtig die Vorerfahrungen der SuS sind, denn erst wenn diese ausreichend berücksichtigt werden und in das Kursdesign einfließen, ist mit einem höheren Lernerfolg zu rechnen (LAKEMANN 2005, S.166 ff.). FENGLER (2007) geht in ihrer Dissertation vor allem der Frage nach, ob und wie sich bei erlebnispädagogischen Maßnahmen das Selbstkonzept von jungen Menschen erhöht. In ihrer Ergebnissicherung stellt sie heraus, dass erlebnispädagogische Arrangements positive Veränderungen bei ihren Adressaten, und zwar nach Alter, Geschlecht, Schulform, Programmtyp und Programmdauer in unterschiedlichen Umfang bewirken. In ihrer Längsschnittstudie wurde eine „hoch signifikante Erhöhung des Selbstwertgefühls nachgewiesen, in keinem Fall kam es zu einer Minderung des Selbstwertgefühls" (FENGLER 2007, S.15 ff.). Hingegen hat FANDREY (2013) den „Project Adventure" Ansatz mit anderen erlebnispädagogischen Arrangements verglichen und in seiner Hauptthese bewiesen, dass der Faktor Zeit eindeutig mit der Wirkung erlebnispädagogischer Maßnahmen korreliert. So sind unabhängig von Geschlecht, Alter und Methode alle Aspekte des Selbstkonzeptes mit positiven Veränderungen nachweisbar, wenn die Zeit ausreichend berücksichtigt wird (FANDREY 2013, S.177). MARKUS et. al. (2016) haben wichtige Ergebnisse einer Studie mit einem Forscherteam aus mehreren Universitäten zu den Kategorien Risikobereitschaft, Leistungsbereitschaft und Selbstwirksamkeitserwartung vorgelegt. Überraschenderweise zeigten die Selbstwirksamkeitserwartungen lediglich bei den Dimensionen „emotional, physisch, kognitiv" positive Effekte, nicht aber bei der Dimension „sozial". Daraufhin forderte das Forschungsteam, „dass erlebnispädagogische Angebote noch differenzierter und mit besserer Passung auf Persönlichkeitscharakteristika der Teilnehmer und Teilnehmerinnen angeboten werden sollten" (MARKUS et al. 2016, S.21 ff.). In der aktuellen Studie, die in diesen Zusammenhängen gefunden werden konnte, berichtet SPITZER (2017) über die Forschungsergebnisse zum Thema „Pfadfinder, Wandervögel und seelische Gesundheit – Plädoyer für eine (fast) vergessene Erlebnispädagogik". Das wichtigste Ergebnis seiner umfangreichen Arbeit ist, „dass die Anzahl der als Pfadfinder in der Jugend verbrachten Jahre positiv mit allen drei Maßen des Wohlbefindens im Erwachsenenalter (sozial, emotional und körperlich) korrelieren. Die Teilnehmer bei den Pfadfindern hat also 30 Jahre später noch messbare positive Effekte auf das Leben der Menschen" (SPITZER 2017, S.9 ff.). Insgesamt zeigt die Auswahl an empirischen Studien, dass die Datenlage zur Selbstwirksamkeit und EP nicht unzureichend ist. Selbstverständlich sind weiterhin empirische Forschungen notwendig. So wird in der eigenen empirischen Untersuchung anhand von Fallbeispielen die Persönlichkeitsentwicklung der Teilnehmer/innen durch erlebnispädagogischer Maßnahmen nachvollzogen sowie deren Einschätzung auf die Umsetzung der modernen EP in das Schulsystem hinterfragt. Ziel ist es, durch personalisierte Erkenntnisse die Sinnhaftigkeit der EP in der Schule zu bewerten. Die Schwierigkeit, dass sich die Persönlichkeitsstruktur der Teilnehmer/innen weder normieren noch standardisieren lässt und eher subjektiv und individuell verläuft wird in der qualitativen Analyse berücksichtigt.

5.2 Vorstellung und Analyse eigener empirischer Untersuchungen

Die eigene empirische Untersuchung wird auf den Grundsätzen der qualitativen Forschung vorgenommen. Dazu werden zunächst die theoretischen Grundlagen des qualitativen Denkens geklärt. Anschließend werden Verfahrensweisen der qualitativen Forschung beschrieben, wobei sich das problemzentrierte Interview als halbstandardisiertes Erhebungsverfahren für die vorliegende Arbeit als sinnvoll erweist. In der vorliegenden Arbeit stellt sich heraus, dass die quantitativen Ansätze, welche beabsichtigen das Datenmaterial objektiv zu messen und nachzuweisen, mit den qualitativen Ansätzen kombinieren lassen.

5.2.1 Die Grundlagen des qualitativen Denkens

Qualitatives Forschen kann insgesamt verstanden werden als „der Versuch herauszufinden, wie Menschen einen Sachverhalt sehen, welche individuelle Bedeutung er für sie hat und welche Handlungsmotive in diesem Zusammenhang auftreten" (SEEL 2004, S.1-3). Aus den gewonnenen Erkenntnissen lassen sich neben den Beurteilungskriterien intervenierende Maßnahmen ableiten. Qualitative Forschung ist theorieentwickelnd und hypothesengenerierend, das heißt, die Hypothese wird erst im Laufe der Forschung gebildet. So kann der aufgeführte, theoretische Bezug zur Wirksamkeit erlebnispädagogischer Maßnahmen auf die Persönlichkeitsentwicklung der SuS stetig novelliert oder sogar weiterentwickelt werden. Der dabei gewählte Ansatzpunkt, das Erkenntnisinteresse ist zentral entscheidend für die Methodenwahl und die methodologische Positionierung. MAYERING (2016) hebt fünf Grundsätze hervor, die beim qualitativen Arbeiten berücksichtigt warden sollen: „die Forderung der stärkeren Subjektbezogenheit der Forschung, die Betonung der Deskription und der Interpretation der Forschungssubjekte, die Forderung die Subjekte auch in ihrer natürlichen, alltäglichen Umgebung zu untersuchen, und die Schwierigkeit der Generalisierung der Ergebnisse im Verallgemeinerungsprozess" (MAYERING 2016, S.19). Das erste Postulat des Grundgerüstes meint, dass der Gegenstand der humanwissenschaftlichen Forschung immer Menschen bzw. Subjekte sind. Die Subjekte, die von der Forschungsfrage betroffen sind, müssen somit der Ausgangspunkt und gleichzeitig das Ziel der Untersuchungen sein. Das zweite Postulat erfordert, dass am Anfang einer Analyse immer eine genaue und umfassende Beschreibung stehen muss. So wird beispielsweise die Beziehung zwischen SuS und Lerngegenstand die Lerninhalte und die Lernumwelt von Anfang an beeinflussen. Das dritte Postulat zeigt, dass der Untersuchungsgegenstand nie völlig offen ist, sondern immer durch eine Interpretation erschlossen werden muss. Insbesondere bei verbalem

Material ist die Bedeutung der Interpretation ausschlaggebend, um subjektive Intentionen herstellen zu können. Das vierte Postulat empfiehlt, dass die humanwissenschaftlichen Gegenstände immer in ihrem natürlichen, alltäglichen Umfeld untersucht werden müssen. So soll eine Verzerrung realistischer Alltagssituationen vermieden werden. Das fünfte Postulat betont, dass die Verallgemeinerbarkeit der Ergebnisse in humanwissenschaftlicher Forschung nicht automatisch über bestimmte Verfahren steht, sondern dass diese im Einzelfall schrittweise begründet werden müssen (MAYERING 2016, S.20-24). Da die fünf Postulate allerdings noch recht allgemein gehalten wurden, ordnet MAYERING (2016) diese in dreizehn methodische Säulen ein. Aus dieser Differenzierung können anschließend konkrete Handlungsempfehlungen für die Vorbereitung und Planung der qualitativen Forschung gegeben werden.

(1) Einzelfallbezogenheit: Im qualitativen Forschungsprozess müssen Einzelfälle miterhoben und analysiert werden. An diesen kann die Allgemeingültigkeit der beanspruchenden Theorien widerlegt, Alternativen verglichen und Interaktions- und Kontextannahmen überprüft werden.

(2) Offenheit: Außerdem muss der Forschungsprozess so offengehalten werden, damit sich sowohl theoretische Strukturierungen und Hypothesen als auch methodische Verfahren erweitern, modifizieren und revidieren lassen. Das bedeutet nicht, dass theoretische Vorstrukturierungen und Hypothesen beliebig und spontan zu ändern sind. Sie bleiben auch nach wie vor ein wichtiges Erkenntnismittel und dienen der Strukturierung.

(3) Methodenkontrolle: Trotz der Offenheit im Forschungsprozess muss dieser methodisch kontrolliert ablaufen. Dazu muss das Verfahren expliziert werden und es muss sich an bestimmten Regeln orientieren. Dies stellt dann auch eine Grundlage für die Verallgemeinerbarkeit der Ergebnisse dar.

(4) Vorverständnis: Die qualitative Analyse ist immer durch dem Vorverständnis der Teilnehmer/innen geprägt. Aufgrund dessen können die Schlussfolgerungen, Interpretationen, Ergebnisse etc. am Ende der qualitativen Arbeit beeinflusst werden. Demzufolge ist es umso wichtiger, dass das Vorverständnis zu Beginn der Analyse offengelegt und der Einfluss des Vorverständnisses überprüft werden kann.

(5) Introspektion „Der Blick ins Innere": Damit eine Explikation des Vorverständnisses möglich ist, werden bei der Analyse auch introspektive Daten als Informationsquelle genutzt. Der Umgang mit Introspektion erwartet, dass diese Daten auch als solche ausgewiesen und entsprechend begründet und überprüft werden.

(6) Forscher-Gegenstands-Interaktion: Die Beziehung zwischen Teilnehmer/in und Gegenstand darf im qualitativen Denken nicht statisch gesehen werden, denn sowohl Teilnehmer/in als auch Gegenstand verändern sich durch den Forschungsprozess. Demzufolge wird die Forschung als Interaktionsprozess aufgefasst, in welchen subjektive Deutungen ablaufen.

(7) Ganzheitlichkeit: Ein Merkmal der Subjektauffassung ist die Betonung der Ganzheitlichkeit des Menschen. Demzufolge müssen die einzelnen menschlichen Funktionsbereiche (Denken, Fühlen, Handeln etc.) sowie Lebensbereiche (Gesellschaft, Beruf, Familie etc.) als analytische Differenzierungen betrachtet werden, die sich immer wieder zusammenführen, interpretieren und korrigieren lassen.

(8) Historizität: Neben der Gegenstandsauffassung wird im qualitativen Denken auch die primär historische Dimension berücksichtigt, da nach MAYERING (2016) „humanwissenschaftliche Gegenstände immer eine Geschichte haben, deren Erkenntnisse sich immer wieder verändern können".

(9) Problemorientierung: Qualitatives Denken, wird so gefordert, dass es direkt an praktischen und gesellschaftlichen Problemstellungen ansetzt. Auf die konkreten Problemstellungen können dann auch die Untersuchungsergebnisse bezogen werden.

(10) Argumentative Verallgemeinerung: Um die Ergebnisse zu verallgemeinern muss begründet werden, welche Ergebnisse auf welche Situationen, Bereiche, Zeiten hin generalisiert werden können. Dabei müssen die Generalisierungen jeden untersuchten Fall betreffen.

(11) Induktion: Induktive Verfahren spielen zur Stützung und Verallgemeinerung der Ergebnisse eine zentrale Rolle in der qualitativen Forschung. Aus den einzelnen Beobachtungen können sich erste Zusammenhänge ergeben, die dann durch weitere systematische Beobachtungen verdeutlicht werden. Das qualitative Denken lässt das induktive Vorgehen allerdings nur zu, wenn es entsprechend kontrolliert und überprüft wird.

(12) Regelbegriff: Neben dem induktiven Handeln geht die qualitative Forschung davon aus, dass die Menschen nicht nach Gesetzen funktionieren, sondern dass sich höchstens Regelmäßigkeiten im Denken feststellen lassen. Da die Regeln immer an situative und sozialhistorische Kontexte gebunden sind, müssen diese immer wieder validiert werden. Die Gleichförmigkeit kann sich durch wiederholende, kontextgebundene Regeln abbilden.

(13) Quantifizierbarkeit: Abschließend weist MAYERING (2016) daraufhin, dass durch das qualitative Denken eine sinnvolle Qualifizierung auf mehreren Ebenen ermöglicht werden kann. Die verschiedenen Qualifizierungen müssen vergleichbar sein und auf den Ausgangpunkt der Situation bzw. des Menschen hin analysiert werden. Die Quantifizierung kann dann den Forschungsprozess absichern und Ergebnisse verallgemeinern (MAYERING 2016, S.24-38).

Mit Hilfe der 13 Säulen stellt MAYERING (2016) die Grundlage zur Entwicklung qualitativer Untersuchungen vor. Außerdem können diese als Entscheidungshilfe zu Erhebungs- und Auswertungsmethoden berücksichtigt werden. Mögliche Erhebungsmethoden der qualitativen Forschung wären verdeckte und teilnehmene Beobachtungen, offene und strukturierte Interviews sowie Gruppendiskussionen. Welche der Methoden in Frage kommt, hängt von dem Untersuchungsgegenstand, sowie von der Fragestellung ab.

5.2.2 Das Interview als Instrument der qualitativen Forschung

Ein Interview ist ein planmäßiges Vorgehen mit wissenschaftlicher Zielsetzung, bei dem der Befragte durch Fragen oder mitgeteilte Stimuli zu verbalen Reaktionen veranlasst wird. Grundsätzlich kann zwischen standardisierten Interviews mit standardisierten Fragekatalogen und offenen, unstrukturierten Interviews mit offenen Fragestellungen unterschieden werden. Für die vorliegende Arbeit hat sich das problemzentrierte Interview als sinnvoll erwiesen, da weniger nach repräsentativen Kriterien gesucht wird, sondern vielmehr nach typischen Verantwortlichkeiten, die immer wieder zentriert auf die Problemstellung der Forschungsfrage zurückkommen. Unter dem Begriff des problemzentrierten Interviews sollen alle Formen der offenen, halbstrukturierten Befragungen zusammengefasst werden (LAMNEK 2010, S.313-323).

Im Rahmen der problemzentrierten Interviewdurchführung ist es wichtig, dass offene und nicht-standardisierte Fragen verwendet werden. Das hat den Vorteil, dass die Befragten die subjektiven Perspektiven und Deutungen offenlegen und selbst Zusammenhänge oder größere kognitive Strukturen im Interview entwickeln können. So kann eine Vertrauensbeziehung zwischen Interviewer und Befragten aufgebaut werden, welche einen Einblick in die Erfahrungs- und Meinungshintergründe des Befragten gewährt. Insbesondere wenn an relevanten gesellschaftlichen Problemen angesetzt wird, profitieren beide Seiten von einer ehrlichen, offenen, reflektierten Umgangsweise. Der Ablauf des problemzentrierten Interviews beginnt immer mit einer umfangreichen theoretischen Problemanalyse. Nach der Problemanalyse folgt die Leitfadenkonstruktion. Zur Gestaltung eines Leitfadens wird grundsätzlich in mehreren Schritten vorgegangen. Im ersten Schritt muss der

Leitfaden entworfen werden, indem Fragen konzipiert werden, die einerseits dem For-schungszweck genügen und andererseits dem Befragten ausreichend Raum für eigene und freie Bemerkungen bieten. Ist der Leitfaden entworfen, muss geprüft werden, ob er den vorher festgelegten Anforderungen entspricht. Dies erfolgt in den gängigsten Fällen über eine einfache Pilotphase. Werden in der Probe Mängel oder Verbesserungspotentiale sichtbar, ist es erforderlich den Leitfaden nochmals anzupassen. Ist der Leitfaden erstellt, sind die Fähigkeiten des Interviewers gefragt, indem dieser den Leitfaden strategisch nutzt. Der Interviewer oder die Interviewerin greift bei der tatsächlichen Durchführung auf drei Fragenkategorien zurück. Während die Einstiegsfragen allgemein in die Thema-tik einleiten und damit eruiert wird, ob das Thema für den Einzelnen überhaupt bedeutsam ist, halten die Leitfadenfragen diejenigen Aspekte fest, die die Forschungsfrage und die Problematik betreffen. Darüber hinaus wird das Interview auf Aspekte stoßen, die so nicht im Leitfaden festgehalten sind. Wenn die Fragen allerdings für die Themenstellung be-deutsam sind, wird der Interviewer spontan Ad-hoc-Fragen formulieren. Die Aufzeich-nung des Interviews ermöglicht eine spätere Transkription und Verschriftlichung des Da-tenmaterials (MAYERING 2016, S.114-121).

5.2.3 Die Inhaltsanalyse als Instrument der qualitativen Forschung

Ein Verfahren der qualitativen Analyse ist die qualitative Inhaltsanalyse. Ein Grundge-danke der Inhaltsanalyse ist, das Textmaterial systematisch und schrittweise zu analysie-ren, indem ein am theoretischen Material orientiertes Kategoriensystem entwickelt wird. Bei diesem von MAYERING (2016) als Strukturierung bezeichneten Verfahren werden die Kategorien vor der Analyse des Datenmaterials aufgestellt und definiert. Für die Ka-tegoriebildung muss ein Selektionskriterium festgelegt werden. Dies ist meistens ein de-duktives Element, welches über die Theorie erschlossen wird. Die vorläufige Definition kann im Materialdurchlauf durch passende Textstellen subsumiert werden oder aus ihr werden induktiv neue vorläufige Definitionen formuliert. Können keine weiteren Kate-gorien gebildet werden, wird das Kategoriensystem noch einmal überarbeitet. Das Ergeb-nis der Analyse ist eine Summe von Kategorien zu der Thematik, welche Textstellen des theoretischen Materials zugeordnet sind. Nachdem die Kategorien erstellt wurden, kann das erhobene Datenmaterial vollständig interpretiert und ausgewertet werden (s. Abbil-dung 2). Die Strukturierung bietet sich dann an, wenn bereits umfassendes theoretisches Material zu einer bestimmten Fragestellung herausgearbeitet und ein (teil-) standardisier-tes Erhebungsinstrument verwendet wird. (MAYERING 2016, S.114-116).

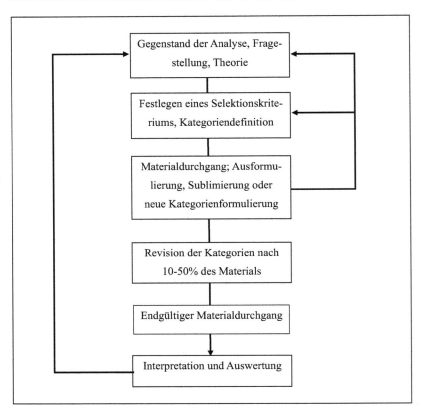

ABBILDUNG 2: ABLAUFMODELL DER KATEGORIENBILDUNG (MAYERING 2016)

In der vorliegenden Arbeit wird das erhobene Datenmaterial der problemorientierten Interviews mithilfe der qualitativen strukturierten Inhaltsanalyse ausgewertet. Ziel der strukturierenden Grundform ist es, bestimmte Aspekte aus dem Datenmaterial herauszufiltern, unter vorher festgelegten Ordnungskriterien eine Struktur zu finden und das Material auf Grund bestimmter Kategorien einzuordnen. Anschließend werden dort, wo Abgrenzungsprobleme oder Übereinstimmungen zwischen den Kategorien bestehen, Regeln formuliert, die eine eindeutige Zuordnungen ermöglichen (MAYERING 2016, S.119). Die Bestimmungen werden in einem Kodierleitfaden gesammelt und während der Analyse entsprechend ergänzt (s. Abbildung 3). Bei der Durchführung der strukturierenden Inhaltsanalyse wird deutlich, dass sie sich insbesondere für systematische, theoriegeleitete Bearbeitung von Textmaterial eignet, wobei auch größere Textmengen zu bewältigen sind.

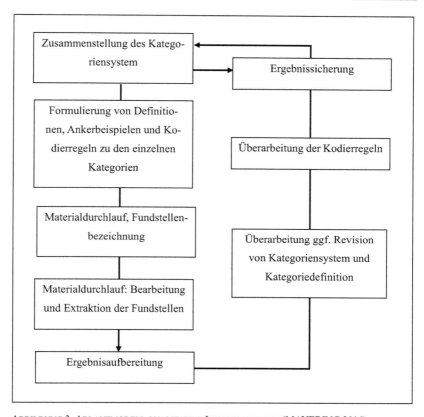

ABBILDUNG 3: ABLAUFMODELL QUALITATIVE INHALTSANALYSE (MAYERING 2016)

Während die Ankerbeispiele im ersten Materialdurchlauf relativ einfach den Kategorien zugeordnet werden können, ist der zweite Materialdurchlauf nur mit genauen Abwägungen und Vergleichen zu realisieren. Aufgrund des umfassenden Textmaterials können die Ankerbeispiele nach dem Grad der Ausprägung, also inwiefern Selbstbeobachtung, Selbstbewertung und Selbstreaktion in der Persönlichkeitsstruktur der Interviewten deutlich sind, eingeteilt werden. Anhand der Ankerbeispiele wird deutlich, inwiefern erlebnispädagogische Erfahrungen zur Stärkung der Selbstwirksamkeit beitragen oder den Sinn und Zweck der modernen EP verfehlen lassen. Das Ergebnis der Inhaltsanalyse wird durch die Erstellung und Überarbeitung der Kodierregeln realisiert. Bevor die Ergebnisse präsentiert werden, wird ein Einblick in das Datenmaterial gegeben. Im Rahmen dieser Arbeit ist es nicht möglich, alle relevanten Ergebnisse aufzuführen (MAYERING 2016, S.116-121).

5.3   Von der Durchführung zur Analyse

(1) Durchführung: Nachdem der Leitfaden des problemzentrierten Interviews erstellt wurde, ging es an die Auswahl der Interviewpartner/innen. Um die Interviewpartner/innen und deren Schwerpunkte einschätzen zu können, wurden im Vorfeld telefonische Kennlerngespräche geführt. Außerdem wurde auf die Problematik des Themas (s. Kap. 3.3) und auf den Ablauf des Interviews hingewiesen (s. Kap. 5.2). Via Zoom konnten anschließend alle geplanten Gespräche in einer Zeitspanne von 25-35 Minuten gehalten werden. Die Vorstellung der Interviewpartner/innen während des Interviews gaben den Interviewer zusätzlich die Möglichkeit zur Introspektion. Darüber hinaus konnten Fragen während des Interviews einzelfallspezifisch angepasst werden. Die Auswahl der Interviewpartner/innen in der vorliegenden Arbeit konzentrierte sich auf den berufsbildenden Bereich, insbesondere auf den landwirtschaftlichen Sektor. So konnte sichergestellt werden, dass alle Interviewten ähnlich geprägt wurden und die anschließende Datenerhebung trotz der geringen Stichprobe ihre Gültigkeit behielt. Folgende Interviewpartner/innen konnten gewonnen werden. Es wird auf die Herausgabe personalisierter Daten verzichtet.

Interview	Vorstellung der Interviewpartner/innen
Interview 1	▪ es spricht ein staatlich geprüfter Agrarbetriebswirt. Neben der fünf-jährigen Ausbildung absolvierte er im zwei-jährigen Praxisjahr fachspezifische und persönlichkeitsorientierte Weiterbildungen ▪ insbesondere in einem langen Kurs über 9 Wochen konnte er erlebnisorientierte Erfahrungen sammeln ▪ durch die Erfahrungen in der eigenen Ausbildung als auch durch die zukünftige Betriebsübernahme eines Großunternehmens kennt er wahrscheinlich die Stärken und Schwächen des dualen Ausbildungssystems
Interview 2	▪ es handelt es sich um einen Berufsschulschüler aus dem ersten Lehrjahr einer landwirtschaftlichen Berufsschule ▪ bis lang konnte er nur wenig Erfahrungen mit erlebnispädagogischen Maßnahmen sammeln ▪ in seiner Ausführung werden wahrscheinlich Wünsche und Bedürfnisse nach einem interaktiven Unterricht deutlich
Interview 3	▪ es spricht ein Abteilungsleiter und Lehrer einer landwirtschaftlichen Berufsschule ▪ durch seine Erfahrungen im Beruf kennt er die Vor- und Nachteile des erlebnisorientierten Lernens

	• der Teilnehmer spricht wahrscheinlich wichtige Restriktionen an, die die Umsetzung erlebnispädagogischer Maßnahmen in der Berufsschule entscheidend beeinflussen
Interview 4	• es handelt sich um eine Agrarwissenschaftlerin und zukünftige Marketingleiterin eines Landtechnikunternehmens
	• im Rahmen ihrer beruflichen Karriere blickt sie auf vielfältige Unternehmenserfahrungen im landwirtschaftlichen Bereich sowie auf persönlichkeitsorientierte Weiterbildungen zurück
	• durch ihre persönlichen Erfahrungen in der Agrarbranche kann sie wahrscheinlich über berufliche Kompetenzen sprechen
Interview 5	• es spricht ein Management-, Outdoor- und Teamtrainer, landwirtschaftlicher Betriebsleiter und leidenschaftlicher Turner
	• seine Themen beziehen sich auf die Persönlichkeitsentwicklung und den Teamtrainings in den Bereichen Landwirtschaft, Business und Sport
	• Erlebnispädagogische Maßnahmen wendet er selbst auf seinem Erlebniskletterpark sowie im teamorientierten Persönlichkeitstraining an, weswegen er die Vor- und Nachteile der modernen EP wahrscheinlich kennt

TABELLE 2 VORSTELLUNG DER INTERVIEWPARTNER/INNEN (EIGENE DARSTELLUNG)

(2) Ergebnissicherung: Nachdem die Interviews geführt wurden, konnte mit der Datentranskription (s. Anhang 4) begonnen werden. Bei der Durchführung der problemzentrierten Interviews stellt sich heraus, dass insbesondere die Säulen der Einzelfallbezogenheit, der Offenheit, der Kontrolle, des Vorverständnisses, der Introspektion, der Problemorientierung, der argumentativen Verallgemeinerung, der Induktion und der Regelmäßigkeit der qualitativen Forschung (s. Kap. 5.2) berücksichtigt werden können. In der anschließenden Analyse wurde anhand der Forschungsfrage, inwiefern erlebnispädagogische Maßnahmen zur Stärkung der Selbstwirksamkeit von SuS in der Berufsschule sinnvoll sind, die Kategorie „Selbstwirksamkeit" (K0) definiert. Die Sichtung des vorliegen Textmaterials wurde im ersten Durchlauf so lange durchgeführt, bis eine Textstelle dieser Kategorie entsprach. Schon nach etwa 20% der Materialsichtung wurde deutlich, dass zu K0 weitere Kategorien subsumiert werden können. Insofern bildete sich aus der Kategorie K0 die Kategorien „Selbstbeobachtung" (K1), „Selbstbewertung" (K2) und „Selbstreaktion" (K3). Aufgrund der neuen Kategorien wurde das bisher analysierte Material noch einmal durchgearbeitet. Nach etwa 50% des Textmaterials wurde noch einmal überprüft, ob die Kategorien für die Beantwortung der Forschungsfrage hilfreich sind und inwiefern das Abstraktionsniveau im Hinblick auf das Ziel der Untersuchung vernünftig gewählt

wurde. Auch wenn das Abstraktionsniveau nicht geändert werden musste, stellte sich heraus, dass nur wenige Ankerbeispiele für die beschriebenen Kategorien gefunden werden konnten. Insofern wurde die Kategorie „Verwirklichung" (K4) hinzugefügt. Auch in diesem Fall musste das bereits gesichtete Material noch einmal ergründet werden. Hiernach fanden keine weiteren Revisionen statt. An dieser Stelle sei genannt, dass die Ankerbeispiele an subjektive Erfahrungen und situative und sozialhistorische Kontexte gebunden sind und direkten Einfluss auf die Definitionen der Generalisierungen haben. Nichtsdestotrotz stellte sich heraus, dass die unterschiedlichen Persönlichkeiten im Interview ein weites Personenspektrum und verschiedene Meinungen abbildeten, so konnten die vorläufigen Vermutungen zu deren Schwerpunkte bestätigt und hilfreich eingeordnet werden (s. Tabelle 2). Nachdem die Generalisierungen formuliert werden konnten, wurden die folgenden Ergebnisse gesichert (s. Tabelle 3).

Kategorien	Ergebnisse
K1	• Erlebnispädagogische Weiterbildungen führen zu einer bewussten Auseinandersetzung mit der eigenen Persönlichkeit • Erlebnisorientierte Methodik dient der Selbst- und Fremdeinschätzung der SuS • Erlebnisorientierte Erfahrungen prägen ein ganzes Leben
K2	• Teilnahme an erlebnisorientierte Weiterbildung festigt eigene Zielvorstellungen • Eigenes Handeln wird in erlebnisreichen Situationen unmittelbar bewertet und reflektiert • Erlebnispädagogische Erfahrungen haben hohen betrieblichen Nutzen
K3	• Durch erlebnisorientierte Weiterbildungen entsteht ein umfangreiches Repertoire an Kommunikationstechniken und deren Anwendung • Erlebnisreiche Erfahrungen ermöglichen situationsabhängiges, personengerechtes reagieren • Die Erfahrungen aus der EP motivieren den eigenen Lebensprozess zu gestalten • Erfahrungen mit EP steigern die Kreativität
K4	• EP werten den gängigen Unterricht durch Vorbereitungs-, Praxis- und Nachbereitungsphasen auf, ersetzen ihn aber nicht • Einige erlebnispädagogischen Maßnahmen machen in der Schule mehr Sinn als andere

- Schulinterne Restriktionen schränken den Umgang mit erlebnispädagogischen Maßnahmen in einigen Fällen ein
- Abweichungen vom Stundenplan, Rahmenlehrplan etc. sind nicht immer für die erlebnisorientierten Maßnahmen möglich
- Zu viel EP kann zu Widerständen führen, andererseits muss nicht jede erlebnisorientierte Einheit begründet werden, um einen Nutzen zu haben
- Erlebnispädagogischer Aufwand ist zu hoch
- Bürokratie schränkt freie Unterrichtsgestaltung ein

TABELLE 3: ERGEBNISSICHERUNG (EIGENE DARSTELLUNG)

(3) **Analyse:** Bei der Analyse der Ergebnisse ist deutlich geworden das bei den Kategorien K1, K2 und K3 auf verschiedene Ausprägungen (beispielsweise: hoch/mittel/niedrig) im Kodierleitfaden verzichtet wird. Dies liegt wahrscheinlich daran, dass die Interviewpartner/innen in irgendeiner Weise erlebnispädagogisch geprägt sind. Aber auch ein hoher Erfahrungsschatz, ein beeindruckender Lebenslauf oder die erkämpfte Position im Beruf zeugen von einer besonders hohen Ausprägung der Kategorien. Wie in Kapitel 5.1 bereits erwähnt, handelt es sich bei den Interviews um subjektive Prägungen eigener Persönlichkeiten, die sich nicht generalisieren lassen. Nichtdestotrotz ist zu hinterfragen, ob die erlebnispädagogischen Erfahrungen einen Einfluss auf die Persönlichkeitsentwicklung der Interviewten haben. So zeigt K1, dass die Interviewpartner/innen eine hohe Selbstbeobachtung aufweisen, wenn sie durch erlebnisorientierte Maßnahmen geprägt wurden. Insbesondere die Erfahrungen in den teamorientierten Persönlichkeitstrainings, die von einigen Interviewpartner/innen nach der beruflichen und schulischen Ausbildung absolviert werden konnten, zeigen, dass die bewusste Auseinandersetzung mit der eigenen Persönlichkeit die Selbstbeobachtung steigen ließ. Ihnen fällt es aufgrund der erlebnisorientierten Erfahrungen leichter, das eigene Verhalten und eigene Gefühle zu registrieren und die Wirkung auf andere abzuschätzen. Gleichzeitig fühlen sich die Interviewpartner/innen durch die bessere Fremd- und Selbsteinschätzung im Alltag und im Beruf motivierter. Insgesamt lässt sich in dieser Kategorie feststellen: erlebnisorientierte Erfahrungen prägen die Gestaltung des beruflichen und persönlichen Lebensweges. K2 zeigt, dass die Interviewpartner/innen neben der höheren Selbstbeobachtung auch eine höhere Selbstbewertung durch erlebnispädagogische Maßnahmen aufweisen. So äußern einige Interviewpartner, dass sich die eigenen Zielvorstellungen gefestigt haben. Insbesondere durch das eigene Erleben konnten entscheidende Situationen unmittelbar bewertet und reflektiert werden. Gleichzeitig entwickelten die Interviewpartner/innen in erlebnisreichen Situationen eigene individuelle Standards, an denen sie sich selbst und andere

Persönlichkeiten messen konnten. Insgesamt zeigt K2, dass die erlebnispädagogischen Erkenntnisse mit einem hohen persönlichen und betrieblichen Nutzen korrelieren. Aus K2 entwickelte sich K3. Hier gab ein Interviewpartner an, dass sich sein Repertoire an Kommunikations- und Verhaltenstechniken durch die Erfahrungen in erlebnisorientierten Arrangements erweitert hat. Dieses Repertoire ermöglicht ein situationsabhängiges und personengerechtes reagieren. Die Reaktionen der Interviewpartner/innen zeigen sich einerseits affektiv andererseits kognitiv. Einige Interviewpartner sprachen ihren Stolz aus, indem sie durch die erlebnisorientierten Erkenntnisse nun gewählter Kommunikations- und Interaktionsmethoden nutzen oder in schwierigen Situationen bedachter reagieren können. Insgesamt zeigt K3, dass die erlebnisorientierten Erfahrungen die Persönlichkeitsentwicklung bewusst als auch unbewusst beeinflusst. Da die Forschungsfrage, neben der persönlichen Wirkung der erlebnispädagogischen Maßnahmen auch danach fragt, inwiefern diese in der Schule sinnvoll umgesetzt werden können, wurde im zweiten Materialdurchlauf K4 erstellt. In der Analyse von K4 konnten Ankerbeispiele gefunden werden, die weniger auf eigene Erfahrungen beruhen und deswegen auch objektiver bewertet werden können als das dies in K1, K2 und K3 möglich ist. Außerdem konnten klare Ausprägungen zur Umsetzbarkeit (umsetzbar/ bedingt umsetzbar/ nicht umsetzbar) festgestellt werden. Bei genauerer Betrachtung des Kodierleitfadens (s. Anhang 2) wird deutlich, dass der höchste Zuspruch der ersten Ausprägung zugeteilt werden kann. Dies liegt wahrscheinlich daran, dass ein Großteil der Interviewpartner/innen lediglich an erlebnisorientierten Maßnahmen teilgenommen, diese aber nicht selbst entworfen haben. Die Kritik entsteht selbstverständlich dort, wo die moderne EP organisiert wird, weniger dort wo ein reibungsloser erlebnisreicher Ablauf stattfindet. Als Begründung für die erste Ausprägung wurde vor allem der Aspekt genannt, dass durch die erlebnisorientierten Maßnahmen Kompetenzen entwickelt werden, die weit über die Fachkompetenz hinausgehen. Neben den Handlungskompetenzen wurden persönliche Kompetenzen angesprochen, die für das spätere Berufsleben unerlässlich sind und über den persönlichen Erfolg im Beruf entscheiden. Für die Umsetzung in der Berufsschule werden erlebnisorientierte Themenwochen oder problemorientierte Projekttage vorgeschlagen. Insbesondere durch die umfassenden Vor- und Nachbereitungsphasen im erlebnisorientierten Setting können Verknüpfungen zwischen Theorie und Praxis besonders gut dargestellt werden. Auch die Orientierung an Problemen in der Praxis führt bei den Interviewpartner/innen zu neuen Grenzerfahrungen und positiven Impulsen. Insgesamt zeigt die erste Ausprägung, dass es sich bei den erlebnispädagogischen Maßnahmen um ein ungenutztes Potential handelt, die Selbstwirksamkeit der SuS entsprechend zu stärken. In der zweiten Ausprägung stellen die Interviewpartner/innen heraus, dass nicht alle erlebnispädagogischen Einheiten im gleichen Umfang in der Berufsschule eingesetzt werden können. So ist der Einsatz verschiedener Methoden von der Lernausgangslage der SuS sowie von den schulischen Rahmenbedingungen abhängig. Außerdem beschränken schulinterne Restriktionen den Einsatz von erlebnispädagogischen Maßnahmen, wenn diese zu häufig in den Unterricht eingeplant werden. Auch Abweichungen von Stundenplänen und die Organisation von Vertretungslehrern und Vertretungslehrerinnen sind nicht immer problemlos möglich, insbesondere wenn die Outdooraktivitäten stark wetterabhängig sind und eine hohe Flexibilität gefragt ist. Insgesamt zeigt die zweite Ausprägung, dass es bei der Verwirklichung der erlebnispädagogischen Einheiten in der Schule auf die „Dosis" ankommt. So wird auf der einen Seite das verlorene Potential zur Förderung der Selbstwirksamkeit der SuS und auf der anderen Seite die Zweifel an die Wirksamkeit der Methodik und Umsetzung gesehen. In der dritten Ausprägung wird neben dem zu hohen organisatorischen Aufwand auch das Risiko der Verletzungsgefahr benannt. Verletzen sich SuS im außerschulischen Bereich, so werden Schuldzuweisungen meistens den LuL oder der Schule zugeschrieben. Der Aufwand, der dafür eingesetzt werden müsste, damit kein Risiko für die SuS besteht ist keinesfalls einschätzbar. Neben den Risikofaktoren spielen auch fragliche Wirkungsweisen eine Rolle. So glaubt ein Interviewpartner das nicht jeder Schüler oder jede Schülerin ein gleiches Talent zur Selbstreflektion besitzt und das vollständige Potential der modernen EP ausschöpfen kann. Auch meinen einige Interviewpartner/innen, dass nicht jeder Schüler oder jede Schülerin den gleichen Zugang zur eigenen Persönlichkeitsentwicklung findet. Dies ist neben der Qualifikation auch dem Alter der SuS geschuldet, die sich während der Ausbildung in der Regel noch in der Pubertät befinden. Insbesondere wenn die LuL keinen inhaltlichen Bezug zu der modernen EP finden, besteht das Risiko, dass die erlebnisorientierten Einheiten schnell als unwichtig, albern, nutzlos und peinlich angesehen werden und die persönlichkeitsbildene Wirung verloren geht. Außerdem bemängelt ein Interviewpartner, dass der Rahmenlehrplan zwar mit erlebnispädagogischen Maßnahmen abgedeckt wird, intensive Persönlichkeitstrainings allerdings zu viel Zeil in Anspruch nehmen würden, als dass man diese mit in die Jahresplanung berücksichtigen könnte. Insgesamt zeigt die dritte Ausprägung, das noch weitere umfangreiche Forschungen zur Wirksamkeit und Umsetzbarkeit notwendig sind, bevor die EP in den schulischen Kontext eingeplant werden kann. Um den Einsatz erlebnispädagogischer Maßnahmen in der Schule zu prüfen, werden die Ergebnisse der empirischen Auseinandersetzung im nächsten Kapitel theoretisch hinterfragt.

6 Erlebnispädagogik – ein Konzept für die Berufsschule?

Als Begründer der Berufsschule kritisiert Georg Kerschensteiner zu Beginn des 20. Jahrhundert, dass das damalige Schulsystem für die Förderung der Schüleraktivität vollkommen unzureichend ist. So sieht er die Schule als Institution, in der das natürliche Bedürfnis nach Bewegung, Beobachtung und dem eigenen Handeln vernachlässigt wird. Auf Grundlage dieser Erkenntnis fordert Georg Kerschensteiner, dass die Schule ihre Zielsetzungen an den Interessen und Fähigkeiten des SuS ausrichtet (SELZAM 1984, S.76). Fast ein Jahrhundert später schreibt der Berufspädagoge Felix Rauner: „Die arbeitsorientierte Wende in der Didaktik beruflicher Bildung hebt die bedeutsamen beruflichen Arbeitssituationen und das darauf bezogene Prozesswissen als Dreh- und Angelpunkt für die Gestaltung beruflicher Bildungsgänge und -prozesse hervor" (RAUNER 2011, S.2). Demzufolge erlebt die Berufsschule immer wieder neue Schwerpunkte, welche sich an den Herausforderungen der Zeit orientieren. Im Folgenden Teil der Arbeit wird der Versuch unternommen, die modernen erlebnispädagogischen Ansätze und die Erkenntnisse aus den Interviews in das heutige duale Berufsschulsystem einzubinden. Dazu wird der Bildungsauftrag der Berufsschule skizziert und die Grundzüge der Aus- und Weiterbildung am Beispiel der Landwirte/innen dargelegt.

6.1 Der Bildungsauftrag der Berufsschule

Nach den Beschlüssen der Kulturministerkonferenz (KMK) im Jahr 1996 erfüllen die Berufsschule und die Ausbildungsbetriebe einen gemeinsamen Bildungsauftrag. Im dualen System bedeutet dies, dass an den Lernorten Betrieb, überbetriebliche Ausbildungsstätte und an den Berufs- und Fachschulen gleichwertig gelernt wird. Demnach hat die KMK in ihren Beschlüssen festgelegt: Das duale System hat zum Ziel, „die Fachkompetenz mit allgemeinen Fähigkeiten humaner und sozialer Art zu verbinden; berufliche Flexibilität zur Bewältigung der sich wandelnden Anforderungen in Arbeitswelt und Gesellschaft auch im Hinblick auf das Zusammenwachsen Europas zu entwickeln; die Bereitschaft zur beruflicher Fort- und Weiterbildung zu wecken; die Fähigkeit [...] zu fördern, bei der individuellen Lebensgestaltung und im öffentlichen Leben verantwortungsbewusst zu handeln" (KMK 2011, S.4 ff.). Die dafür vorgesehene gesetzliche Grundlage der Schulen bilden das Berufsbildungsgesetz und die Schulgesetze der einzelnen Bundesländer. Hingegen wird die Ausbildung an den betrieblichen und überbetrieblichen Lernorten durch die Ausbildungsverordnung geregelt. Zudem wird für den Lernort Berufsschule ein von der KMK verabschiedeter Rahmenlehrplan zur Verfügung gestellt, an denen sich die Berufsschulen orientieren müssen. Seit 1996 ist der Rahmenlehrplan nach Lernfeldern

strukturiert (KMK 2011, S.4 ff.). Aus der Gesamtheit aller Lernfelder ergibt sich der Beitrag der Berufsschule zur Berufsqualifikation" (KMK 2011, S.3). Die Intention der Lern-
feldorientierung war die von der Wirtschaft angemahnte stärkere Verknüpfung von Theorie und Praxis, weswegen sich die curricularen Vorgaben von einer Inputorientierung hin
zu einer Orientierung am Output, also dem Handlungsprodukt ausrichteten (BRÄUER
2010, S.60-65). Mit dieser Entwicklung löst sich auch die fachsystematische Strukturierung der einzelnen Unterrichtsfächer. Dadurch entstand ein grundlegender Perspektiven-
wechsel vom fächerorientierten Curriculum hin zu einem Curriculum, welches an berufs-
charakteristischen Arbeits- und Geschäftsprozessen anlehnt. Methodisch gelingt dies mit
im Unterricht gestalteten Lernsituationen, welche eine komplexe berufliche Handlungs-
situation zum Ausgangspunkt haben, die sich stimmig auf die Realität beziehen lässt. Die
Ausbildung der Handlungskompetenz ist also die Kernaufgabe der berufsbildenden
Schule (GUDJONS 2014, 87-110).

6.2   Aus- und Weiterbildung für Landwirte und Landwirtinnen

Die landwirtschaftliche Ausbildung in Deutschland besteht in der Regel aus drei Lehrjah-
ren auf drei unterschiedlichen landwirtschaftlichen Betrieben. Die Berufsschule wird mit
ca. 280 Schulstunden pro Schuljahr an entweder ein bis zwei Wochentagen je nach Lehrjahr oder blockweise besucht. Weist die oder der Auszubildene die allgemeine Hochschul-
reife vor oder wurde bereits eine Ausbildung absolviert, kann die Ausbildungszeit auf
zwei Jahre verkürzt werden. Am Ende der Ausbildungszeit findet die schriftliche und
praktische Abschlussprüfung statt. Nach erfolgreichem Bestehen können die Absolventen
und Absolventinnen je nach Region in Deutschland eine Landwirtschaftsschule, eine
Fachschule in Aufbauform (z.B. höhere Landbauschule), eine zweijährige Fachschule der
Landwirtschaft (z.B. Technikerschule) oder eine Meisterausbildung machen. Die Organisation der gesamten Ausbildung der Landwirte/innen obliegt den jeweiligen Landwirt-
schaftskammern beziehungsweise den Landwirtschaftsämtern der Bundesländer (BMJV
1995). Gerade im internationalen Vergleich wird die duale Ausbildung der Landwirte und
Landwirtinnen als ausgesprochen fundiert gesehen. So bietet sie benötigtes Fachwissen
in den Bereichen Pflanzenbau, Tierproduktion, Betriebsführung, Agrarpolitik und Agrar-
recht, je nach regionaler Besonderheit und trägt damit maßgeblich zur erfolgreichen Füh-
rung eines landwirtschaftlichen Unternehmens bei. Allerdings fühlen sich trotz der guten
landwirtschaftlichen Ausbildung viele Junglandwirte den zukünftigen Situationen auf den
Betrieben nicht gewappnet. Gründe dafür sind betriebsspezifisch und reichen von der hohen Arbeitsbelastung, den wirtschaftlichen Druck, der sinkenden Preise bis zur fehlenden

Wertschätzung in der Bevölkerung (RODOLPH 1996, S.45 ff.). Außerdem vermag der landwirtschaftliche Strukturwandel, wodurch nachweislich die Zahl der Betriebe mit einer landwirtschaftlichen Fläche unter 100 ha stetig abnimmt und die Anzahl darüber beständig steigt, die Herausforderungen noch zu verstärken. LASCHEWSKI (2016) nennt in diesem Zusammenhang noch weitere Kräfte, die den Wandel der landwirtschaftlichen Prozesse antreibt: erstens die Veränderungen in Technologie und Rationalisierung, welche eine fortschreitende Automatisierung der Produktionsprozesse impliziert. Zweitens der Wandel in der Familie und die Notwendigkeit der Anstellung externer Arbeitskräfte. Drittens die Marktentwicklung, welche einen Wandel vom Produzenten hin zum Konsumenten dominierten Markt verzeichnet. Viertens der Wandel im Politikregime zu einer nachhaltigen und ökologischen Meinungshaltung und damit einhergehend die Verrechtlichung der Landwirtschaft (RODOLPH 1996, S.44 ff. ; LASCHEWSKI 2016, S.9-12). Die Fähigkeit der Landwirte und Landwirtinnen bezieht sich demnach nicht nur auf ein umfangreiches Fachwissen in Bezug auf die Kreisläufe der Natur oder den Abläufen im tierischen Organismus. Es geht darum, die Veränderungen und Weiterentwicklungen in der landwirtschaftlichen Technik auf dem Acker und im Stall bewerten und kommunizieren zu können, politische Rahmenbedingungen und deren Verordnungen zu verstehen und entsprechend zu nutzen sowie die eigenen Produktionsmethoden möglichst gut im Einklang mit den gesellschaftlichen Anforderungen und den Marktbedingungen zu bringen (BMEL 2018). Im Zuge dieser Einschätzung bieten zahlreiche Berufsfachverbände und Ausbildungsstätte Möglichkeiten zur Fort- und Weiterbildung im landwirtschaftlichen Sektor an. Während die landwirtschaftlichen Fortbildungsangebote Gelegenheiten bieten Fähigkeiten zu entwickeln die unmittelbar mit dem Berufsfeld in Verbindung stehen, beziehen sich die Weiterbildungsangebote auf Themen ohne eine direkte Verknüpfung mit den beruflichen Tätigkeiten. Diese können dann fachlicher als auch persönlicher Art sein. Ein kombiniertes Angebot dieser Weiterbildungen stellen die „langen Kurse" dar, welche den Einrichtungen des Verbandes ländlicher Heimvolkshochschulen Deutschlands e.V. angehören. Charakteristisch ist neben der langen Dauer von 4 Wochen bis 5 Monate ein „Leben und Lernen unter einem Dach". Im Rahmen des Miteinanders und durch Themen der Politik, Gesellschaft und Kultur werden den Landwirte und Landwirtinnen, Agrarstudenten und Agrarstudentinnen oder Betriebsleiter/innen die Möglichkeit gegeben, sich persönlich zu entwickeln (HVHS 1993, S.5 ff.). Die Tatsache, dass die berufliche Bildung der Landwirte und Landwirtinnen nicht mehr ausschließlich wissenschaftsorientiert und fachsystematisch gedacht wird, bietet die Chance die moderne EP in die Schule „zurückzuholen".

6.3 Die Einbindung von moderner Erlebnispädagogik

Die bisherigen Ausführungen legen nahe, dass vielfältige Anschlussmöglichkeiten für erlebnispädagogische bzw. handlungs- und erfahrungsorientierte Interventionen im berufsschulischen Kontext geschaffen werden können. Im Mittelpunkt stehen hier Aktivitäten, die unter den gegebenen berufsschulischen Verhältnissen ohne großen zeitlichen, finanziellen oder logistischen Aufwand umsetzbar sind. Das Modell der sogenannten „Schul-Erlebnis-Pädagogik" orientiert sich eng an den Rahmenlehrplänen und Richtlinien der Schulen, berücksichtigt den Erziehungs- und Bildungsauftrag und favorisiert ein ganzheitliches Verständnis des Lernens. Der Ansatz zeigt, dass die moderne EP auch unter Beachtung organisatorischer Vorgaben realistische Chancen für die schulische Umsetzung besitzt (s. Anhang 3). So bieten handlungsorientierte und erlebnisintensive Schulprojekte Möglichkeiten, die Lernortkooperationen zwischen Schule, Betrieb und überbetriebliche Ausbildungsstätte zu verbessern sowie die Kompetenz anderer Institutionen zu nutzen. Die dafür erstellten handlungsorientierten und erlebnisintensiven Lernsituationen schaffen die Rahmenbedingung für den Unterricht und für das Schulleben. Sie ermöglichen ein nachhaltiges, selbstgesteuertes Lernen, unterstützen die persönlichkeitsbildenden Prozesse, fördern soziale Interaktionen und Kommunikation und geben Hinweise auf außerschulische betriebliche Zusammenarbeit. Neben den erlebnisorientierten Einheiten in den Klassenzimmern können LuL auf das umfangreiche Angebot der Fort- und Weiterbildungen zurückgreifen. Selbstverständlich ist das Pensum der Arbeit der LuL begrenzt, infolgedessen wird es bedeutsam sein, inwiefern die Weiterbildungsangebote von den SuS genutzt werden oder wie die Schule kooperiert. Im Rahmen von 90-minütigen Unterrichtseinheiten können erlebnispädagogische Seminare zur Persönlichkeitsentwicklung angeboten werden, die den SuS zur höheren Selbstwirksamkeit verhilft. Klassenfahrten oder Exkursionen können von den SuS eigenständig und erlebnisintensiver ausgerichtet werden, sodass ein nachhaltiges, selbstgesteuertes Lernen ermöglicht wird (s. Anhang 4). Die folgende Abbildung 4 stellt Möglichkeiten von erlebnispädagogischen Einheiten in der Berufsschule am Beispiel der Landwirtschaft dar. Im Hinblick auf eine schulbezogene, alltagstaugliche und moderne EP können natürlich keine natursportlichen, spektakulären Aktivitäten maßgeblich sein, sondern handlungs- und erfahrungsorientierte Methoden, die den Erlebnisbegriff berücksichtigen. Der Schwerpunkt liegt dann „weniger auf dem einmaligen, außergewöhnlichen Erlebnis, als vielmehr darauf, Lernen so zu organisieren, dass abstrakte Inhalte vor dem Hintergrund eigener konkreter Erlebnisse, Erfahrungen und Handlungen begriffen werden können" (GLISDORF 2004, S.14).

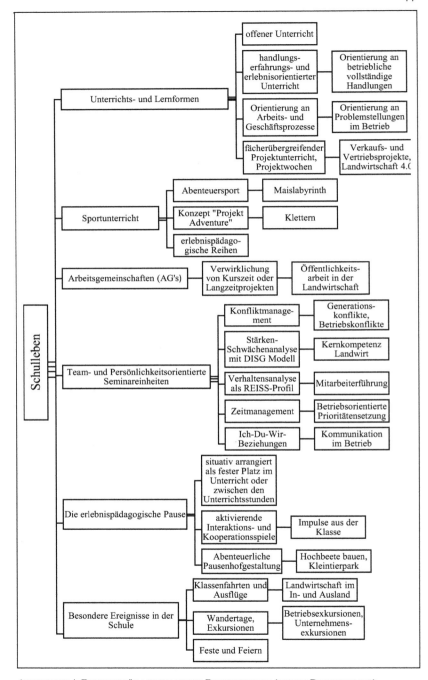

ABBILDUNG 4: ERLEBNISPÄDAGOGIK IN DER BERUFSSCHULE (EIGENE DARSTELLUNG)

6.4 Der Ausblick in den berufsbildenden Bereich der Landwirtschaft

Anhand vorheriger Untersuchung wurde deutlich, dass die moderne EP sowohl im weiten als auch im engen Verständnis in berufsschulische, landwirtschaftliche Abläufe integriert werden kann. Insbesondere der Lernfeldansatz und die Lernortkooperationen zwischen dem landwirtschaftlichen Betrieb, der überbetriebliche Ausbildungsstätte und der Schule ermöglichen einen schnellen Wechsel von theoretischen Tatsachen in praktische Gegebenheiten und umgekehrt. Themen die unmittelbar mit der Natur oder dem Leben auf dem Betrieb zusammenhängen, können verstärkt auch dort bearbeitet werden. Die landwirtschaftliche Ausbildung bietet eine Reihe solcher Gelegenheiten, die Natur- Gruppen- und bewegungsbezogene Elemente hervorheben. Durch Lernsituationen, die in Zusammenarbeit entstehen, kann der Bezug zur unmittelbaren Wirklichkeit auf dem Feld und im Stall und zu den aktuellen Belangen der Landwirtschaftsschüler/innen hergestellt werden. Probleme auf dem landwirtschaftlichen Betrieb können ganzheitlich und umfassend betrachtet werden und betreffen die SuS unmittelbar (s.6.2).

In einer offenen Lernatmosphäre und in einem Klima des Respektes und der Toleranz können die SuS zu tiefem Erleben und Emotionalität befähigt werden und gleichzeitig sich selbst kennen und einschätzen lernen. Dieser inszenierte Freiraum erlaubt ein Handeln in landwirtschaftlichen Problemsituationen ohne jegliche Sanktionen. Unmittelbar sind die SuS mit den eigenen Entscheidungen konfrontiert und erhöhen ihre Chancen, dass die gewonnenen Erkenntnisse im Vergleich zu den vermittelten Inhalten den Lerntransfer positiv beeinflussen. Die Notwendigkeit die Persönlichkeit der SuS mit in den Lernprozess einzubinden, ermöglichet es berufliche Schlüsselqualifikationen und Kompetenzen abzubilden und zu entwickeln. Durch Ansätze aus den „langen Kursen" können Schlüsselerfahrungen, soziale Kompetenzen und Werthaltungen vermittelt werden. Es geht darum die eigene Persönlichkeit zu entwickeln, das Leben in einer Gemeinschaft einzuüben, den Fremden begegnen zu können, Verantwortung wahrnehmen zu lernen, sprachgewandt zu werden und kreative Potentiale freisetzten zu können. Ein direkter und offener Austausch über die persönliche Zufriedenheit, Zufriedenheit in Arbeit und Beruf sowie betriebliche, arbeitstechnische, familiäre Themenbereiche und darüber hinaus, sind für die Berufsschulschüler horizonterweiternd und in der aktuellen landwirtschaftlichen Situation absolut notwendig. So werden zukünftig Flexibilität, vernetztes Denken, Kommunikations- und Kooperationsfähigkeit, Problemlösungs- und Kritikfähigkeit, Selbstreflexion und Kreativität neben der fachlichen Qualifizierung zu den grundlegenden Persönlichkeitskompetenzen der jungen Betriebsleiter/inne (s. Kap. 4.3).

7 Kritische Auseinandersetzung von Theorie und Praxis

In der vorliegenden Arbeit konnten theoretische und empirische Aspekte herausgearbeitet werden, die die Wiederkehr der modernen EP in einem kritischen Zusammenhang stellt. Die folgenden zusammenfassenden Thesen bieten Anlass die moderne EP durch die theoretischen und praktischen Erfahrungen der Arbeit zu hinterfragen.

(1) Im erlebnispädagogischen Setting sollen die Lehrenden als bewertende und moderierende Instanz in den Hintergrund treten und lediglich am Ende des Lernprozesses zur Reflexion anregen, dies gibt den Teilnehmer/innen die Möglichkeit eigenständig ihren Lernprozess zu gestalten. Neben der Möglichkeit des Mitmachens und der Kooperation bestehe die Möglichkeit der Verweigerung.

(2) In einem erlebnisreichen Unterricht sollen die Teilnehmer/innen so aktiv wie möglich den eigenen Lernprozess mitgestallten und das bedeutsame Wissen selbstständig aneignen. Das Erlebnis solle möglichst zentral bleiben und eine Zumutung darstellen, sodass diese aus ihrer Komfortzone in die Zone der Herausforderung treten können. Dadurch das subjektive Grenzen überschritten werden, solle der Lernprozess beschleunigt werden.

(3) Die moderne EP solle ganzheitlich Sinne, Kopf, Herz und Hand miteinander verbinden, wodurch die Teilnehmer/innen automatisch in einer vollständigen Handlung agieren. Das heißt die Lernenden sollen sich eigenständig informieren, planen, entscheiden, ausführen, kontrollieren und bewerten.

(4) Die moderne EP wolle die Lust der Lernenden an eigener Leistung und Bewegung durch Medien wie Bergwandern, Klettern, Segeln etc. in ein ganzheitliches Erziehungs- und Unterrichtskonzept integrieren. Durch die Bewegungselemente in der Natur sollen soziale Probleme der Teilnehmer/innen gelöst werden.

(5) Die moderne EP verspreche, dass auch ein unspektakuläres Erleben zu wichtigen Erfahrungen führen könne. Handlungsorientierte Methoden sollen Möglichkeiten der Pause, der Stille und des Nachdenkens bieten, sodass persönliche Erfahrungen verarbeitet werden können. Außerdem würden Aktivitäten, die nichts Exklusives darstellen zu spontanen Reaktionen in der Gruppe führen.

(6) Innerhalb der erlebnispädagogischen Räume soll Gemeinschaft ermöglicht werden, die die sozialen Kompetenzen stärken und zur Selbstverwirklichung der Lernenden beiträgt. Die Erfahrungsräume sollen die Handlungen innerhalb eines sozialen Gefüges zum Lerngegenstand machen, wodurch Lernen individuell konstruiert werden könne.

(7) Erlebnispädagogische Abenteuerspiele und Problemlösungsaufgaben sollen Möglichkeiten geben, eigene Schlüsselqualifikationen zu trainieren. Reale Problemsituationen sollen zur Lösung herausfordern, wodurch persönliche Stellungsnahmen, Betrachtungen und Meinungen notwendig werden.

(8) In der modernen EP sollen Reflexionsprozesse in Transferprozesse münden. Durch eine gezielte Rückkopplung zur individuellen Lebenswelt der Teilnehmer/innen solle der persönliche Lernerfolg gesteigert werden.

(9) Erlebnispädagogische Maßnahmen sollen im Unterricht nicht einmalig sein, sondern wiederholt werden und sich als Rituale integrieren. Dadurch könne die individuelle Entwicklung der Teilnehmer/innen gestaltet, Zäsuren in den Alltag gebracht und über Lebenskrisen hinweggeholfen werden.

(10) Nach den erlebnispädagogischen Anfängen auf Schloss Salem am Bodensee durch den Begründer der EP Kurt Hahn solle die moderne EP fest in die Schule integriert werden. Neben erlebnispädagogischen Fahrten sollen neue Impulse und Innovationen den schulischen Unterricht bereichern.

In der theoretischen Diskussion und durch die praktischen Ergebnisse der vorliegenden Arbeit kommt der Frage der Wirksamkeit erlebnispädagogischer Programme und Methoden eine zentrale Bedeutung zu. Es geht vor allem um die Glaubwürdigkeit und Legitimation der Konzepte, die Verantwortbarkeit gegenüber den SuS und der Öffentlichkeit sowie der Rechtfertigung der eigenen Praxis. Die zehn aufgestellten Thesen werden der Reihe nach beurteilt.

(1) Persönlichkeitsbildende Konstruktionen sind durch die Gestaltung der Lernsituationen anregbar, aber nicht vollständig steuerbar. Die LuL bewegen sich in einem erlebnispädagogischen Feld, welches von prinzipieller Offenheit und Ungewissheit in Bezug auf dessen Erlebnis geprägt ist. Wer verantwortlich in diesem Feld arbeiten will, der muss sich an einem humanistischen Menschenbild orientieren und eine fachliche, methodische, persönliche Kompetenz und eine hohe Handlungskompetenz vorweisen. Dementsprechend wurde von dem „Berufsverband Individual und Erlebnispädagogik e.v" das Berufsbild des modernen Erlebnispädagogen entwickelt. Dieses hält fest, wie erlebnispädagogische Aufgaben und Tätigkeiten zu handhaben sind, welche Lernräume und Aktivitäten angeboten werden können und in welchen Arbeits- und Handlungsfeldern die moderne EP vorhanden sein kann bzw. soll. Durch das Arrangieren von handlungsorientierten, auf die

Teilnehmer zugeschnittenen Szenarien unterstützen die Erlebnispädagogen den Lernpro-zess in einer aktiven Weise, halten sich aber bei der direkten Aktion der Lernphase zu-rück. Diese Prozessbegleitung erwartet keine direkte Einflussnahme, es geht nicht um das Unterrichten und Infomieren etc., sondern um Moderation, Unterstützung und Beglei-tung. Infolgedessen werden die LuL vor einer anspruchsvollen Form des pädagogischen Handelns gestellt, denn wahrscheinlich identifizieren sich diese zu schnell mit der Rolle des lehrenden Leiters, Lenkers und Kontrolleurs. Die Kontroll- und Überwachungsmen-talität sind mit dem Konzept der modernen EP und dem Grundsatz der Prozessbegleitung nicht vereinbar.

(2) Erlebnispädagogische Aktivitäten geben Raum für selbstverantwortliches Handeln, dass durch die Zwänge der verwaltenden Welt, durch familiäre Überhütung oder Verwahr-losung zunehmend eingeschränkt ist. Als ganzheitliches Erlebnismodell kommt der mo-dernen EP eine ausgleichende Funktion gegenüber einer einseitigen kognitiven Wissens-vermittlung und verschultem Lernen zu. Erlebnisorientierte Projekte geben Einblicke in praktische Arbeiten, lassen die Teilnehmer/innen in ihrer Aktion zu Wort kommen und stellen Lerneffekte sowie persönlichkeitsbildene Wirkungen heraus. Gleichzeitig bemän-geln Kritiker, dass die Erlebnisse nicht die Grundlage von pädagogischer Arbeit sein kön-nen und dass diese nicht willentlich zugänglich sind, erst recht nicht von außen. In dieser Argumentation gerät die Selbstverwirklichung unter der Forderung der Bedürfniserfül-lung. Dadurch treten sachliche Anforderungen, aktive Auseinandersetzungen mit der Re-alität sowie längerfristige Entwicklungsperspektiven in den Hintergrund.

(3) Das von Befürworter favorisierte Handlungslernen ermöglicht nachhaltige Entwick-lungsprozesse durch eigene authentische Erfahrungen. Dadurch, dass die Teilnehmer/in-nen vollständige Handlungen ausführen und bewerten wird das abstrakte Wissen wirklich begriffen und erhält Qualität und Substanz. Vollständige Handlungen erfordern eine um-fassende Betrachtung der situativen Gegebenheiten und eigenständiges Handeln. Hand-lungsorientierte Lernsituationen können genau so vielfältig sein, wie die Verschiedenhei-ten der SuS in der Klasse. Infolgedessen können Herausforderungen schnell zu Überfor-derungen einzelner Schüler oder Schülerinnen werden. Die Handlungsorientierung ist nur möglich, wenn die Entwicklungsbedürfnisse und individuellen Voraussetzung der SuS bei der Planung und Durchführung des Angebots genau betrachtet und berücksichtigt werden. In regulären Schulen fehlt einerseits die Zeit individuelle handlungsorientierte Lernarran-gements zu bearbeiten, andererseits würde dies die Anforderungen einer jeden Lehrkraft sprengen. Auch das duale System, welches auf die Handlungen im Betrieb zurückgreifen

kann, wird nicht ausschließlich handlungsorientiert unterrichten können. Restriktionen wie die Stundenplanung, der Lehrplan oder das schöpferische Potential der Lehrkräfte schränken die Handlungsorientierung automatisch ein.

(4) Draußen in der Natur zu lernen ist aus mehreren Gründen effizient. Die Lernumgebung führt dazu, dass Statusunterschiede, Einstellungen oder vorherige Erfahrungen ausgeglichen werden, alltägliche Probleme in Vergessenheit geraten und die Teilnehmer/innen ihre „Masken" fallen lassen müssen. Außerdem können Ursache und Wirkung an sich wandelnden Naturumständen direkt erlebt und als Lernanlass genutzt werden. Die Erlebnisse in der Natur werden meistens besonders emotional empfunden und es verbleiben nachhaltige Eindrücke. Andererseits befürchten Kritiker, dass die Flucht aus der Gesellschaft in die Idylle der Natur und deren Wagnis nichts mit den Herausforderungen der realen Gesellschaft zu tun haben. So wird lediglich eine trügerische Parallelwelt geschaffen, die es versäumt den jungen Menschen in ihrer Lebenswelt zu unterstützen.

(5) Die persönlich inszenierten fremden Situationen fordern persönliche Stellungnahmen und produktive Interaktionen zwischen der inneren und äußeren Welt. Sie betreffen das menschliche Zusammenleben, durch das Aushandeln und der Übernahme von Rollen, Normen oder Werteorientierungen sowie die Auseinandersetzung mit objektiven Lebensbedingungen. Jeder einzelne ist davon betroffen, die gemachten Erfahrungen mit seinen bereits erworbenen zu vergleichen und entsprechende Verhaltensweisen anzupassen oder zu verweigern. Dazu werden im erlebnispädagogischen Setting Zeit für Einzelarbeit und zum Nachdenken sowie regelmäßige Pausen eingeplant. In dieser Zeit sollen die Teilnehmer/innen zu sich finden und das eigene Handeln hinterfragen. Gleichzeitig wird in diesem Zusammenhang kritisiert, dass die Erlebnispädagogen sich naiv auf die unmittelbare Wirkkraft äußerer wie innerer Natur verlassen. Im Vertrauen auf die Eigenregulierung von Kindern und Jugendlichen werden Lernszenarien arrangiert, die unter der Prämisse stehen, die Teilnehmer/innen besäßen bereits die erst zu erwerbenden, persönlichen und sozialen Fähigkeiten.

(6) Der selbstbestimmte Grad in erlebnispädagogischen Arrangements ermöglicht es in dem Vertrauen der Gruppe schwieriges auszuprobieren und von den Gruppenmitgliedern Unterstützung zu erfahren. Hier ist der Versuch wichtiger als das Ergebnis. Auch kann jederzeit die Gelegenheit zurückgegeben werden, wenn die Selbstzweifel oder der Druck zu groß erscheinen. Der gegenseitige Respekt für individuelle Entscheidungen ermöglicht auch einen erneuten Versuch zur späteren Zeit. Ausgehend dem Entwicklungsstand der gesamten Gruppe kann durch eine bewusste Auswahl erlebnispädagogischer

Aktivitäten der gruppendynamische Entwicklungsprozess initiiert werden. In der Kritik wird von Gruppenprozessen ausgegangen, die nicht funktionieren. So werden erlebnispädagogische Maßnahmen benutzt, um soziale Probleme und auffällige Randgruppen auszulagern, ruhig zu stellen, zu therapieren. Statt sich an emanzipatorischen Zielsetzungen und dem Leitbild einer gerechten Gesellschaft zu orientieren, trägt die moderne EP zur Individualisierung gesellschaftlicher Problemlagen bei.

(7) Wagnis und Bewährung fordern und fördern die Eigeninitiative und wecken Freude an der eigenen Leistung. Demnach sind Befürworter überzeugt, dass die Teilnehmer/innen auf die Komplexität des beruflichen, persönlichen Handelns nur vorbereitet werden, wenn sie in die Lage versetzt werden, sich eigenständig in der Gruppe oder im Team mit beruflichen Problemstellungen auseinanderzusetzen, eigene Lösungsansätze zu entwickeln und selbstständig die notwendigen Fachkenntnisse vertiefen. Inwieweit die Persönlichkeitsentwicklung von der Bewältigung gehemmt oder gefördert wird, ist individuell veranlagt und kann nicht von Lehrenden vorhergesagt werden. Vielmehr bestimmt das subjektive Erleben der Bewältigung, ob die Herausforderung dazu führt, dass ein Teilnehmer oder eine Teilnehmerin über sich hinauswächst oder ob es zu einem traumatischen Schock kommt.

(8) Die moderne EP kann auf eine Vielzahl an Reflexionstypen und Reflexionsmethoden zurückgreifen. Im Reflexionsprozess soll jede/r Teilnehmer/in als selbstverantwortliches, handlungsfähiges Subjekt erfahren und Eindrücke über seinen individuellen Entwicklungsstand bekommen. Außerdem entscheiden die Durchführung der Reflexion oder die Transfermöglichkeiten, ob das erlebnisorientierte Arrangement mehr unterhaltene oder mehr bildende Dimensionen entfaltet. Greifen die Reflexionsmethoden der Transfersicherung zu kurz, dann gehen die Erlebnisse und deren Wirkungen im späteren Alltag verloren. Ein erlebnispädagogisches Arrangement kann nur erfolgreich sein, wenn bei der Vorbereitung bereits Erwartungen und Erfahrungen der Teilnehmer/innen abgefragt werden, Ziele der Aktion formuliert werden, ein Kursdesign erstellt wird und geeignete Pädagogen und passende Rahmenbedingungen gesichert werden.

(9) In erlebnispädagogischen Lernsituationen hat sich gezeigt, dass die Erfahrungen umso wirksamer sind, je mehr Bezüge zum Alltag hergestellt werden können. Befürworter/innen fordern die erlebnispädagogischen Einheiten regelmäßig in Unterrichtsstunden einzusetzen, damit gezielt Rückkopplungen mit der realen Arbeitswelt erfolgen können. Gleichzeitig wird empfohlen umfangreiche Themenblöcke erlebnisorientiert zu gestalten, um die Selbstwirksamkeitserwartungen zu genügen. Kritiker hingegen sehen die moderne

EP in diesem Zusammenhang bereits vermarktet und vereinnahmt von Seiten der gesellschaftlichen Institutionen, Anbietern und Veranstaltern. So nutzt das Erlebnis mit der Zeit ab, gerät in Routine und hebt sich selbst auf.

(10) In der Schule ist weniger die Abenteuerlichkeit des erlebnispädagogischen Mediums entscheidend, sondern die Einbettung in den erlebnispädagogischen Gesamtrahmen. Handlungsorientierte Lernszenarien schaffen günstige Bedingungen für den Unterricht, ermöglichen ein selbstgesteuertes Lernen und unterstützen persönlichkeitsbildene Prozesse. Allerdings wird das Potential der modernen EP in der Schule bisher nur in Ansätzen genutzt. Kritiker befürchten, dass die „lebenden Systeme" im erlebnisorientierten Setting von außen nicht kontrolliert werden können und so der Versuch erschwert wird, Wirkmechanismen zu identifizieren. Mit der Einsicht in die Subjektivität von Erlebnissen wird deutlich, dass Erfolgsgarantien im erlebnispädagogischen schulischen Kontext nicht immer möglich sind. Diese können weder erwartet noch verlangt werden, da der Schüler oder die Schülerin kein Regelkreis ist, der gesteuert werden kann. Notwendig sind überprüfbare Kriterien der Planungs- und Prozessqualität und handlungsorientierte Kompetenzen der LuL. Gelingt es allerdings erlebnisorientierte Maßnahmen in den schulischen Kontext auszuwählen und zu integrieren, so kann endlich die Lücke zwischen Theorie und Praxis geschlossen und auf ein lebenslanges Lernen vorbereitet werden.

In der kritischen Auseinandersetzung ist deutlich geworden, dass das erlebnispädagogische Potenzial noch längst nicht ausgeschöpft ist. Die Diskussion geht vor allem um die Frage der Glaubwürdigkeit und Legitimation der Konzepte, um die Verantwortbarkeit gegenüber den Teilnehmer/innen, der Öffentlichkeit und um die Rechtfertigung der eigenen Praxis. Wenn auch wissenschaftliche Studien bestimmte Wirkungen erlebnispädagogischer Programme belegen, so lassen sich die Befunde jedoch nicht verallgemeinern oder unmittelbar auf andere erlebnisorientierte Projekte übertragen. Die Einzigartigkeit jeder Situation und der beteiligten Personen gestatten weder Generalisierungen noch Erfolgsgarantien. Angesichts der vielfältigen Arbeitsfelder und Schwerpunkte ist eine Spezialisierung der LuL zum Erlebnispädagogen unumgänglich. Ohne ausreichend psychologische Einsichten, der Kenntnis über soziologische Zusammenhänge, ohne Klärung der spezifischen Möglichkeiten des gewählten Mediums bleiben die Angebote willkürlich. Außerdem muss sich mit der Problematik von Wirksamkeitsstudien befasst werden, um die eindeutige Beweisbarkeit der Selbstwirksamkeit belegen oder verwehren zu können. Entscheidend sind zudem weitere empirische Studien zur Umsetzbarkeit in den Lehrplänen an Schulen.

8 Fazit

Kurt Hahn gilt mit der Erlebnistherapie weltweit als Urvater der modernen EP. Sicherlich lassen sich die verschiedenen Therapien nicht mehr so in das heutige Schulsystem realisieren, wie sie Kurt Hahn konzipiert hat, dennoch, seine zeitkritische Diagnose sowie die daraus resultierenden Folgerungen für die Pädagogik besitzen immer noch bemerkenswerte Relevanz. Spätestens nach 1980 erlebte der Begriff „Erlebnis" im Kontext der handlungsorientierten Ansätze eine „Renaissance" und wird aktuell so inflationär wie nie zuvor benutzt. Die in der Literatur diskutierten Lernziele der modernen EP sind qualitativ und quantitativ sehr vielfältig. Die Individualentwicklung welche durch erlebnispädagogische Maßnahmen das Hauptanliegen der modernen EP darstellt wird durch die Zielkategorien der Selbstbeobachtung, Selbstbewertung und Selbstreaktion zusammengefasst. Dabei muss sich die moderne EP im Klaren sein, dass die Ziele hochgradig allgemein und nur schwer operationalisierbar sind. Insbesondere die empirische Forschung, welche immer noch zu unzureichend deklariert ist, verstärkt den Eindruck, wodurch die EP in der heutigen Diskussion oft unter Legitimationsdruck gerät. Gleichzeitig belegen Studien eindeutige Wirkungsimpulse der erlebnispädagogischen Maßnahmen: Selbstwirksamkeitsüberzeugungen haben seinen weitreichenden Einfluss auf die Prozesse der Selbststeuerungen und stellen dementsprechend einen richtungsweisenden Faktor für die Persönlichkeitsentwicklung dar.

Mit dem durch die KMK veröffentlichen curricularen Konzeptes des Lernfeldansatzes sind in der beruflichen Bildung neue Akzente gesetzt. Die deutliche Abkehr von kenntnis- und stofforientierten Berufsschulunterricht sowie die Entwicklung von Handlungskompetenzen bieten Möglichkeiten die moderne EP in die Schule zurückzuholen. Als alternatives Erziehungs- und Bildungsmodell besitzt die moderne EP eine sinnvolle kompensatorische Funktion. Sie erschließt für die SuS neue Horizonte, weist über die begrenzte Lebenswelt hinaus und richtet die Erfahrungen in eine unmittelbare Lebensführung und Alltagssituation. Statt einseitiger Belehrung und Wissensvermittlung rücken aktive Lernformen in den Vordergrund. Erlebnisorientierte Exkursionen, Projektwochen, Arbeitsgemeinschaften oder besondere Aktivitäten des Schullebens dienen den SuS als Erprobungsfelder für handlungsorientiertes und soziales Lernen. Während langfristige Projekte oder mehrtägige Touren, aufgrund von administrativem, organisatorischem, finanziellem und rechtlichem Aufwand, die Ausnahme bleiben. So liegt es in der Hand der LuL moderne erlebnispädagogische Ansätze in der Schule anzubieten und die SuS auf ein lebenslanges Lernen vorzubereiten.   116.106 Zeichen

Literaturverzeichnis

AMESBERGER, G. (1992): Persönlichkeitsentwicklung durch Outdoor Aktivitäten. 1. Aufl. Frankfurt am Main: AFRA.

AMESBERGER, G. (2003): Persönlichkeitsentwicklung durch Outdoor-Aktivitäten? Untersuchung zur Persönlichkeitsentwicklung und Realitätsbewältigung bei sozial Benachteiligten. 4. Aufl. Butzbach-Griendel: AFRA.

ANTES, W. (1993): Erlebnispädagogik - fundierte Methode oder aktuelle Mode? In: JUGENDSTIFTUNG BADEN-WÜTTEMBERG (Hg.): Erlebnispädagogik. Theorie und Praxis in Aktion. Münster: Ökotopia.

ASENDORPF, J. B. (2007): Psychologie der Persönlichkeit. Grundlagen. Berlin: Springer.

BACON, S. (1983): The Conscious Use of Metaphor in outward Bound. Alling: Sandmann.

BAIG-SCHNEIDER, R. (2012): Die moderne Erlebnispädagogik. Geschichte, Merkmale und Methodik eines pädagogischen Gegenkonzepts. Augsburg: ZIEL.

BALZ, E. (1993): Erlebnispädagogik in der Schule. Schulleben - Schulsport - Schullandheim. Lüneburg: Edition Erlebnispädagogik.

BANDURA, A. (1986): Social foundation of thought and action. A social cognitive theory. Englewood Cliffs: Prentics Hall.

BANDURA, A. (1995): Social foundation of thought and action. A Social cognitive theory. Englewood Cliffs: Prentics Hall.

BANDURA, A. (2000): Exercise of human agency collective efficacy. In: *Current Directions of Psychological Science* 9, 2000 (3).

BAUER, H. (2001): Erlebnis- und Abenteuerpädagogik. Eine Entwicklungsskizze. 6. Aufl. München: Rainer Hampp Verlag.

BMEL (2018): Landwirtschaft verstehen - Fakten und Hintergründe. Hg. v. Bundesministerium für Ernährung und Landwirtschaft. Berlin. Online verfügbar unter https://www.bmel.de/SharedDocs/Downloads/Broschueren/Landwirtschaft-verstehen.pdf?__blob=publicationFile, zuletzt geprüft am 02.07.2020.

BMJV (1995): Verordnung über die Berufsausbildung zum Landwirt/in. Hg. v. Bundesministerium der Justiz und des Verbraucherschutzes. Bundesministerium der

Justiz und des Verbraucherschutzes. Bonn. Online verfügbar unter https://www.gesetze-im-internet.de/lwausbv_1995/LwAusbV_1995.pdf, zuletzt geprüft am 02.07.2020.

BRÄUER, M. (2010): Lernfeldkonzept im Agrarbereich - veränderte Kompetenzanforderungen und fachdidaktische Konsequenzen. In: *Die berufsbildene Schule*.

BUCHWALD, P. (1996): Social Support und Kompetenzerwartung im Alter. Eine Kausalanalyse. Frankfurt am Main: Peter Lang.

DEUSINGER, I. (1986): Die Frankfurter Selbstkonzeptskalen (FSKN). Göttingen: Verlag für Psychologie.

DEWEY, J. (1993, zuerst 1916): Demokratie und Erziehung. Weinheim: Beltz.

DIETRICH, T. (1970): Geschichte der Pädagogik. 18-20. Jahrhundert. Bad Heilbrunn: Klinkhardt.

DUDEN (1970): Das Bedeutungswörterbuch. Bibliographisches Institut. Mannheim.

EISINGER, T. (2016): Erlebnispädagogik kompakt. Augsburg: ZIEL.

FANDREY, D. (2013): Erlebnispädagogisches Setting und Selbstkonzept. Ein Vergleich von Programmen nach dem Ansatz von Project Adventure und erlebnispädagogischen Kurzzreit-Projekten im Hinblick auf die Veränderung des Selbstkonzeptes der Teilnehmenden. Hamburg: Verlag Dr. Kovac.

FATKE, R. (1997): Kritische Anfragen der Erziehungswissenschaft an die Erlebnispädagogik. In: F. HERZOG (Hg.): Erlebnispädagogik. Schlagwort oder Konzept? Luzern: Edition der Schweizerischen Zentralstelle für Heilpädagogik.

FELTEN, H. (1998): Erlebnispädagogik als Möglichkeit zur Kompensation von Verhaltensdefiziten. Dargestellt an Beispielen der ästhetischen Erziehung. Frankfurt am Main: Peter Lang.

FEND, H. (2003): Entwicklungspsychologie des Jugendalters. Ein Lehrbuch für pädagogische und psychologische Berufe. Opladen: Leske und Budrich.

FENGLER, J. (2007): Erlebnispädagogik und Selbstkonzept. Eine Evulationsstudie. Berlin: Logos.

FENGLER, J.; JAGENLAUF, M.; MICHL, W. (Hg.) (2008): Erlebnispädagogik: 30 Meilensteine in 20 Jahren. Augsburg: ZIEL.

FILIPP, S. H. (1985): Entwurf eines heutistischen Bezugsrahmen für Selbstkonzept-Forschung. In: T. HERRMANN und E. D. LANTERMANN (Hg.): Persönlichkeitspychologie. Ein Handbuch in Schlüsselbegriffen. München: Urban & Schwarzenberg.

FISCHER, T. (1995): Erlebnispädagogik im Dickicht der Großstadt. In: *Zeitschrift für Erlebnispädagogik* 15 (7).

FISCHER, T.; ZIEGENSPECK, J. W. (2000): Handbuch Erlebnispädagogik. Von den Ursprüngen bis in die Gegenwart. Bad Heilbrunn: Klinkhardt.

FISCHER, T.; ZIEGENSPECK, J. W. (2008): Erlebnispädagogik. Grundlagen des Erfahrenlernens. Erfahrenlernen in der Kontinuität der historischen Erziehungsbewegung. 2. Aufl. Bad Heilbrunn: Klinkhardt.

FLITNER, A. (2001): Reform der Erziehung. Impulse des 20. Jahrhunderts. Weinheim: Beltz.

GALUSKE, M. (2002): Methoden der sozialen Arbeit. Eine Einführung. Weinheim: Juventa.

GLISDORF, R. (2004): Abenteuer in der Schule? In: R. GLISDORF und K. VOLKERT (Hg.): Arbenteuer Schule. Alling: Sandmann.

GUDJONS, H. (1992): Handlungsorientiert Lehren und Lernen. Schüleraktivierung - Selbstständigkeit - Projektarbeit. Bad Heilbrunn: Klinkhardt.

GUDJONS, H. (2014): Handlungsorientiert lehren und lernen. Schüleraktivierung - Selbstständigkeit - Projektarbeit. Bad Heilbrunn: Klett.

HAHN, K. (1958): Erziehung zur Verantwortung. Reden und Aufsätze. Stuttgart: Klett.

HARZ, M. (2007a): Erlebnispädagogik. Möglichkeiten und Grenzen bei der Persönlichkeitsbildung von Jugendlichen. Saarbrücken: Dr. Müller Verlag.

HARZ, M. (2007b): Erlebnispädagogik. Möglichkeiten und Grenzen der Persönlichkeitsbildung von jugendlichen. Saarbrücken: Dr. Müller Verlag.

HECKMAIR, B.; MICHL, W. (1994): Erleben und lernen. Einstieg in die Erlebnispädagogik. Neuwied: Luchterhand.

HECKMAIR, B.; MICHL, W. (2004a): Erleben und Lernen. Einführung in die Erlebnispädagogik. 5. Aufl. München: Basel.

HECKMAIR, B.; MICHL, W. (2004b): Erleben und lernen - Einstieg in die Erlebnispädagogik. München: Ernst Reinhardt Verlag.

HERRMANN, U. (1997): Zum 100. Geburtstag von Kurt Hahn. In: ZIEGENSPECK J. W. (Hg.): Kurt Hahn. Erinnerungen-Gedanken-Aufforderungen. 2. Aufl. Lüneburg: ZIEL.

HURRELMANN, K. (1999): Lebensphase Jugend. Eine Einführung in die sozialwissenschaftliche Jugendforschung. Weinheim: Juventa.

HVHS (1993): Grundsatzpapier "Leben und lernen in langen Kursen". Chancen der politischen Jugend- und Erwachsenenbildung in ländlichen Heimvolkshochschulen. Hg. v. Verband ländlicher Heimvolkshochschulen Deutschlands e.V., heute: Verband der Bildungszentren im ländlichen Raum. Stuttgart.

JAGENLAUF, M. (1990): Wirkungsanalyse Outward Bound - ein empirischer Beitrag zur Wirklichkeit und Wirksamkeit der erlebnispädagogischen Kursangebote von Outward Bound Deutschland. In: *Grundlagen der Weiterbildung* (1), S. 50–51.

KERSCHEINSTEINER, G. (2013, zuerst 1923): Education for Citizenship: Prize Essay - Primary Source Edition. Chicago: Nabu Press.

KEY, E. (1902): Das Jahrhundert des Kindes. Studien. Berlin: Fischer Verlag.

KINNE, T. (2013): Einführung in die Erlebnispädagogik. In: T. KINNE und G. THEUNISSEN (Hg.): Erlebnispädagogik in der Behindertenhilfe. Konzepte für die schulische und außerschulische Praxis. Stuttgart: W. Kohlhammer GmbH.

KLAWE, W. (2000): Arbeit mit Jugendlichen. Einführung in Bedingungen, Ziele, Methoden und Sozialformen der Jugendarbeit. Weinheim: Juventa.

KLAWE, W.; BRÄUER, W. (2001): Erlebnispädagogik zwischen Alltag und Alaska. Praxis und Perspektiven der Erlebnispädagogik in den Hilfen zur Erziehung. Weinheim: Juventa.

KMK (2011): Handreichung für die Erarbeitung von Rahmenlehrplänen der Kultusministerkonferenz für den berufsbezogenen Unterricht in der Berufsschule und ihre Abstimmung mit Ausbildungsordnungen des Bundes für anerkannte Ausbildungsberufe. Hg. v. Sekretariat der Kultusministerkonferen. Berlin, zuletzt geprüft am 2017.

KOHNSTAMM, R. (1999): Praktische Psychologie des Jugendalters. Vom Kind zum Erwachsenen - Das Individuum - Das Umfeld. Göttingen: Hogrefe.

LAKEMANN, U. (2005): Wirkungsimpulse von Erlebnispädagogik und Outdoor-Training. Augsburg: ZIEL.

LAKEMANN, U. (2008): Wie wirkt Erlebnispädagogik? Fallstudie in Personalentwicklung, Qualifizierung, Jugendarbeit und Erziehungshilfe. In: J. FENGLER, M. JAGENLAUF und W. MICHL (Hg.): Erlebnispädagogik: 30 Meilensteine in 20 Jahren. Augsburg: ZIEL.

LAMNEK, S. (2010): Qualitative Sozialforschung. 5. Aufl. Weinheim und Basel: Beltz.

LASCHEWSKI, L. (2016): Der Wandel des landwirtschaftlichen Arbeitsprozesses aus sozialwissenschaftlicher Sicht. Rostock: Alfa Agrar.

LIETZ, H. (2018, zuerst 1897): Emlohstobba. Roman oder Wirklichkeit? Hg. v. R. BÄR. Berlin.

MARKUS, S.; FENGLER, J.; EBERLE, T. (2016): "Ich schaff das!" Wie die Bewältigung von Herausforderungen die Selbstwirksamkeit steigern kann. ein empirischer Beitrag zur Wirkungsforschung in der Erlebnispädagogik. In: *Zeitschrift Erleben und Lernen* (5).

MAYERING, P. (2016): Einführung in die qualitative Sozialforschung. Eine Anleitung zum qualitativem Denken. 6. Aufl. Weinheim und Basel: Beltz.

MICHL, W. (2020): Erlebnispädagogik. 4. Aufl. München: Ernst Reinhardt Verlag.

MICHL, W.; REINERS, A.; SANDMANN, J. (2002): Drum prüfe, wer ans Seil sich bindet. Einführung in die Arbeit in stationären Ropes-Courses. Augsburg: ZIEL.

MÜLLER, W. (2002): Erlebnismärkte ohne Erlebnispädagik. In: F. H. PAFFRATH und H. ALTENBERGER (Hg.): Perspektiven zur Weiterentwicklung der Erlebnispädagogik. Schwerpunkte Ethik und Evaluierung. Augsburg: ZIEL, 35ff.

MYERS, D. G.; HOPPE-GrAFF, S.; KELLER, B.; GROSSE, C. (2005): Psychologie. Heidelberg: Springer.

NADLER, R.; LUCKNER, J. (1991): Processing the Adventure Experience. Theory and Practice. Dubuque: Kendall Hunt Pub Co.

OELKERS, J. (1995): Zum Verhältnis von Erleben und Erziehen. In: B. HECKMAIR und W. MICHL (Hg.): Die Wiederentdeckung der Wirklichkeit. Erlebnis im gesellschaftlichen Diskurs in der pädagogischen Praxis. Alling: Klinkhardt.

PAFFRATH, F. H. (2017): Einführung in die Erlebnispädagogik. 2. Aufl. Augsburg: ZIEL.

PAFFRATH, F. H. (2018): Einführung in die Erlebnispädagogik. Augsburg: ZIEL.

PAFFRATH, F. H.; ALTENBERGER, H. (Hg.) (2002): Perspektiven zur Weiterentwicklung der Erlebnispädagogik. Schwerpunkte Ethik und Evaluierung. Augsburg: ZIEL.

PERVIN, L. A. (2000): Persönlichkeitstheorien. München: Ernst Reinhardt Verlag.

PETERSEN, D. (1998): Zur Entwicklung und Bedeutsamkeit einer schulbezogenen Erlebnispädagogik in unserem Jahrhundert. In: *Zeitschrift für Erlebnispädagogik* 18 (10).

RAITHEL, J.; DOLLINGER, B.; HÖRMANN, G. (2007): Einführung Pädagogik. Begriffe, Strömungen, Klassiker, Fachrichtungen. Wiesbaden: Verlag für Sozialwissenschaften.

RAUNER, F. (2011): Kompetenzentwicklung und -messung in beruflichen Bildungsgängen und Handlungsfeldern. „BERUFSBILDUNG | ENTWICKLUNG | ZUKUNFT – Innovation durch Forschung, Beratung und Begleitung. Hg. v. Institut für berufliche Bildung, Arbeitsmarkt- und Sozialpolitik GmbH. Bremen.

REBLE, A. (1971): Geschichte der Pädagogik. Stuttgart: Klett.

REINERS, A. (1995): Erlebnis und Pädagogik. Praktische Erlebnispädagogik, ziele, Didaktik, Methodik und Wirkungen. München: Fachverlag Dr. Sandmann.

REINERS, A. (2000): Praktische Erlebnispädagogik. Neue Sammlung motivierender Interaktionsspiele. Ziel: Augsburg.

REINERS, A. (2004): Praktische Erlebnispädagogik. Neue Sammlung motivierender Interaktionsspiele. 7. Aufl. Augsburg: ZIEL.

RODOLPH, M. (1996): Sozialisation von Landwirten. Empirische Regionalstudie zu Absolventen von Landwirtschaftsschulen. Wiesbaden: Springer VS.

ROGERS, C. (1997): Der neue Mensch. Stuttgart: Klett.

ROTTER, J. B. (1966): Generalized expctancies for internal versus external control of reinforcement. In: *Psychological Monographs* (80).

ROUSSEAU, J. J. (1995 zuerst 1762): Emil oder über die Erziehung. Stuttgart: Recalm.

SALZMANN, A. (2001): Zur Wirksamkeit erlebnispädagogischer Aktivitäten in der Adipositatstherapie. Identifikationsförderung bei adipösen Jugendlichen. Hamburg: Dr. Kovac.

SEEL, A. (2004) Einführung in die qualitative Forschung. Online verfügbar unter http://www.pze.at/typo3/fileadmin/user_upload/ifedokumente/Qualitative_Forschung_Hompage.pdf, zuletzt geprüft am 18.06.2020

SCHEIBE, W. (1994): Die reformpädagogische Bewegung 1900-1932. Eine einführende Darstellung. Weinheim: Beltz.

SCHEIER, M. F.; CARVER, C. S. (1992): Effects of optimism on psychological and phisical wellbeing. Theoretical overview and empirical update. In: *Cognitive Therapy and Research* 16 (2).

SCHLOZ, M. (2001): Der lernprozess in der erlebnispädagogischen Arbeit. Hamburg: Dr. Kovac.

SCHWARZER, C.; KOBLITZ, J. (2004): Lernen und Handeln in der Erlebnispädagogik. Eine Grundfrage der Erwachsenenbildung. Schwalbach: Wochenschau-Verlag.

SCHWARZER, R. (1994): Optimistische Kompetenzentwicklung. Zur Erfassung einer personalen Bewältigungsressource. In: *Diagnostica* (2).

SCHWARZER, R.; JERUSALEM, M. (1999): Skalen zur Erfassung von Lehrer- und Schülermerkmalen. Dokumentation der psychometrischen Verfahren im Rahmen der wissenschaftlichen Begleitung des Modellversuchs Selbstwirsame Schulen. Freie Universität Berlin. Berlin. Online verfügbar unter http://userpage.fu-berlin.de/~health/germscal.htm.

SCHWARZER, R.; JERUSALEM, M. (2002): Das Konzept der Selbstwirksamkeit. In: *Zeitschrift für Pädagogik* (44).

SELZAM, J. (Hg.) (1984): Georg Kerschensteiner: Beiträge zur Bedeutung seines Wirkens und seiner Ideen für das heutige Schulwesen. Unter Mitarbeit von Bayerisches Staatsministerium für Unterricht und Kultus in Zusammenarbeit mit der Landeshauptstadt München. Stuttgart: Klett.

SKINNER, B. F. (1938): The behaviour of organisation: an experiental analysis. New York: Appleton-Centry-Crofts.

SOMMERFELD, P. (1993): Erlebnispädagogisches Handeln. Ein Beitrag zur Erforschung konkreter pädagogischer Felder und ihrer Dynamik. Weinheim: Juventa.

SPITZER, M. (2017): Pfadfinder, Wandervögel und seelische Gesundheit. Plädoyer für eine (fast) vergessene Erlebnispädagogik. In: *Nervenheilkunde* (1-2).

STÜWE, G. (1998): Was bleibt unterm Strich - reflektieren und evaluieren in der Erlebnispädagogik. In: G. STÜWE und DILCHER R. (Hg.): Tatort Erlebnispädagogik. Spurensuche - Qualifizierung - Tatorte - Handwerkzeug. Frankfurt am Main: Fachhochschulverlag.

SUHR, M. (1994): John Dewey zur Einführung. Hamburg: Junius.

THOREAU, D. (1971, zuerst 1854): Walden oder Leben in den Wäldern. Diogenes. Zürich.

WATZLAWICK, P. (1969): Menschliche Kommunikation. Formen, Strömungen, Paradoxien. Bern: Huber.

WEBER, H.; ZIEGENSPECK; J. (1983): Die deutschen Kurzschulen. Historischer Rückblick - Gegenwärtige Situation - Perspektiven. Weinheim: Belz.

WILHELM, T. (1977): Pädagogik der Gegenwart. Stuttgart: Kröner.

WITTE, M. D. (2002): Erlebnispädagogik: Transfer und Wirksamkeit. Möglichkeiten und Grenzen des erlebnis- und handlungsorientierten Erfahrungslernens. Lüneburg: Verlag Edition Erlebnispädagogik.

ZETT, S. (2004): Historischer Rückblick, aktuelle Situation und erlebnispädagogische Relevanz am Beispiel des "Verbands Christlicher Pfadfinderinnen und Pfadfinder" (VCP), des Pfadfinders- und Pfadfinderinnenbundes Nord (PBN) und des "Bun des der Pfadfinderinnen und Pfadfinder" (BdP). In: *Zeitschrift für Erlebnispädagogik* (8 und 9).

ZIEGENSPECK, J. W. (1992): Erlebnispädagogik. Rückblick - Bestandsaufnahme - Ausblick. Lüneburg: Verlag Edition Erlebnispädagogik.

Anhang 1: Leitfadeninterview

Der Fragebogen *(das kursiv geschriebene, bezieht sich lediglich auf die Trainer/innen- in und die LuL)*

- Fragestellung: Inwiefern sind moderne erlebnispädagogische Maßnahmen zur Stärkung der Selbstwirksamkeit in der Berufsschule sinnvoll?

- Zwei wichtige Begriffe:

  (1) Die moderne Erlebnispädagogik: bezieht sich auf erlebnispädagogische Projekte, die zur aktiven Auseinandersetzung mit sich selbst und der Umwelt führen. Die Projekte können neue Perspektiven eröffnen und das Vertrauen in die eigenen Fähigkeiten fördern. Aktuell wird in drei Anwendungsbereiche unterschieden. Erstens in klassischen natursportlichen Aktivitäten, zweitens in Aktivitäten wie Kooperations-Interaktionsübungen und konstruktive Problemlösungsaufgaben und drittens in erlebniszentrierte Lehr- und Lernformen, zur Aktivierung von Handlungsorientierung wie Projekte. Erlebnispädagogische Maßnahmen finden überwiegend in Weiterbildungskursen statt, weniger in schulischen Angelegenheiten.

  (2) Selbstwirksamkeit: Die Wahrnehmung der Selbstwirksamkeit bezieht sich auf die Überzeugung über die eigenen Fähigkeiten, die man benötigt, um eine bestimmte Handlung zu organisieren und auszuführen, um damit bestimmte Ziele zu erreichen (BANDURA 1995, S.3).

- Problem: Einerseits wird den SuS ein umfangreiches Erlebnisangebot vorgeschlagen (Sportangebote, Auslandaufenthalte etc.) anderersseits wird der Gesellschaft Erlebnisarmut zugeschrieben.

Einstiegsfragen

- Wie sieht deine schulische, akademische Ausbildung aus?
- Hast du neben der Schule an Weiterbildungskursen etc. teilgenommen?
- Was hast du in deiner Freizeit gemacht? Warum hast du dich mit diesen Hobbys, Projekten etc. beschäftigt?
- Hattest du in deinen jungen Jahren das Gefühl in der Schule, ausreichend gefördert zu werden? (fachlich, sozial, persönlich)

Leidfadenfragen

Schule

- Was ist dir in der Schule /Ausbildung besonders in Erinnerung geblieben? (Projekte, Fächer, Unterrichtsstunden, Lernmaterial, Ereignisse)
- Was hat dich an dem System Schule / an dem dualen System gestört? (Stundenplan, Notenvergabe, Unterrichtsabläufe, Methoden)
- Was hättest du dir in deiner schulischen Laufbahn gewünscht?
- Wie kann die Schule deiner Meinung nach noch mehr auf die Interessen bzw. Kompetenzen der SuS eingehen?
- *Glaubst du erlebnispädagogische Ansätze können auch in der Schule umgesetzt werden?*

Weiterbildung

- Wie haben sich die Weiterbildungskurse aus deiner Sicht von dem Lernen in der Schule unterschieden?
- Wie genau kannst du in den Kursen erlebnispädagogische Ansätze erkennen?
- Warum meinst du haben dich die erlebnispädagogischen Ansätze gefördert? Was hast du gelernt?
- Warum findest du, dass die Ansätze keine persönliche Wirkung haben?

Persönliches

- Wo siehst du dich im Moment beruflich und privat?
- Wie genau bist du so weit gekommen? (persönliche Strategien, Vorbilder, moralische Grundsätze)
- Wie setzt du dir persönliche Ziele und wie setzt du diese Ziele in die Tat um? (persönliche Stärken)

Anhang 2: Kodierleitfaden der Selbstwirksamkeit

Das Abstraktionsniveau beinhaltet, dass unpräzise Textstellen mit ausgewertet werden dürfen, der inhaltliche Zusammenhang aber bestehen bleiben muss

Die Ankerbeispiele entsprechen nicht dem Wortlaut der Interviewteilnehmer/innen

Kategorien	Definitionen	Zeile	Ankerbeispiele	Kodierregeln	Generalisierungen
(K1) Selbstbeobachtung	Das Individuum zeigt durch die gefestigten Erfahrungen mit erlebnispädagogischen Maßnahmen eine hohe Selbstbeobachtung. Aufgrund der positiven Erfahrung mit der EP neigt es dazu das Verhalten den jeweiligen Situationen anzupassen. Ihm gelingt es das eigene Verhalten abzustimmen und Stärken und Schwächen objektiv zu beobachten und die persönliche Entwicklung zu beschreiben.	29	„Im TOP Kurs war ich auf mich selbst und auf das Umfeld fixiert. In der Berufsschule guckt man auch auf das Verhalten anderer, das geschieht dann allerdings eher im Unterbewusstsein. Im TOP Kurs konnte man mehr von der Persönlichkeit mitbekommen und wie darauf reagiert werden kann. Seit der Teilnahme am TOP Kurs achte ich mehr auf die Reaktion anderer."	Alle Aspekte der Definitionen müssen in Richtung „hoch" weisen, es soll kein Aspekt auf nur „niedrige" Selbstbeobachtung schließen lassen.	Bewusste Auseinandersetzung mit der eigenen Persönlichkeit und des Umfeldes durch erlebnisorientierte Weiterbildungen
		59	„Durch die Gruppenarbeit kann man gemeinsam einen Lösungsweg finden und sich gegenseitig helfen und unterstützen. Ich selbst kann jemandem helfen, der etwas nicht versteht, gleichzeig kann ich von den Erfahrungen anderer profitieren."	Sonst wäre die Kodierung auf „mittlere" oder „niedrige" Selbstbeobachtung	Erlebnisorientierte Methodik dient der Selbst- und Fremdeinschätzung der SuS
		165	„Tatsächlich war das bis ich 23 Jahre alt war nicht mein Thema, da habe ich mich nur für Landwirtschaft und für das Turnen interessiert. Das ich einmal Dozent für In- und Outdoor werde, das habe ich durch meine eigene Teilnahme an Persönlichkeitskursen und durch mein Trainer erfahren. Das hat mein Leben verändert."		Erlebnisorientierte Erfahrungen prägen ein ganzes Leben.

	Definition	Nr.	Ankerbeispiel / Textstelle	Kodierregel	
(K2) Selbstbewertung	Das Individuum zeigt durch die gefestigten Erfahrungen mit den erlebnis-pädagogischen Maßnahmen eine hohe Selbstbewertung. Ihnen gelingt es, das eigene Handeln nach Kriterien zu bewerten und eigene Entscheidungen zu steuern.	39	„Ich will ein klardenkender, offener lockerer, kommunikativer Typ sein. Ich find es nützt nichts, wenn man mit dem Kopf durch die Wand rennt und es nützt auch nichts, wenn man zu viel Abstand hält. Also ich find immer ein gutes Mittelmaß ist das richtige"	Alle Aspekte der Definitionen müssen in Richtung „hoch" weisen, es soll kein Aspekt auf nur „mittlere" oder „niedrige" Selbstbewertung schließen lassen. Sonst wäre die Kodierung auf mittlere oder niedrige Selbstbewertung	Teilnahme an erlebnisorientierte Weiterbildung festigt eigene Zielvorstellungen
		65	„Ja bei Gruppenarbeiten, da merkt man schon, wie viel man selbst im Gegensatz zu anderen weiß und auf welchen Stand man selber ist. Dort kann man sich mit anderen vergleichen, also ob man jetzt viel dazu beitragen kann oder ob man keine neuen Informationen hinzugeben kann."		Eigenes Handeln wird in erlebnisreichen Situationen unmittelbar bewertet und reflektiert
		169	„Nach den erlebnisreichen Kursen habe ich mich gefragt, was wäre aus den 3000€ geworden, wenn ich sie in Dünger und nicht in meine Persönlichkeitsentwicklung gesteckt hätte, oder wie ich investieren könnte, um annähernd einen so hohen Invest in meine Bildung zu bekommen. Mein betrieblicher Weg hat sich durch die Erlebnispädagogik komplett verändert, deswegen wollte ich nicht darauf verzichten."		Erlebnispädagogische Erfahrungen haben hohen betrieblichen Nutzen
(K3) Selbstreaktion	Das Individuum zeigt durch die gefestigten Erfahrungen mit den erlebnispädagogischen Maßnahmen eine hohe Selbstreaktion auf. Ihnen gelingt es, das Verhalten einzuschätzen, zu belohnen und zu bestrafen. Sie zeigen affektive	31	„Ich mach mir jetzt mehr Gedanken, wie die Person reagiert, wenn ich in kritischen Gesprächen meinen Satz umformuliere. Auch nutze ich verschiede Methoden. Da gibt es zum Beispiel die Sandwichmethode, die bei bedingt groben Fehlern gelingt. Sind die Fehler richtig groß, dann bin ich immer noch der Meinung - sprich es direkt an."	Alle Aspekte der Definitionen müssen in Richtung „hoch" weisen, es soll kein Aspekt auf nur „mittlere" oder „niedrige" Selbstreaktion schließen. Sonst wäre die	Umfangreiches Repertoire an Kommunikationstechniken und deren Anwendung durch erlebnisorientierte Weiterbildungen
		153	„In einer kritischen Situation mit meinem Chef gehe ich erstmal aus der Situation, komme runter und nehme mir Zeit zum Nachdenken."		Erlebnisreiche Erfahrungen ermöglichen

Nr.	Zitat	Kodierung	Kategorie
	Es ist wichtig in so einer aufbrausenden Situation gewählt die Worte zu fassen und nicht direkt zu antworten. Manchmal schlafe ich auch eine Nacht drüber und spreche die Situation an, wenn sich die Situation geändert hat."	Kodierung auf mittlere oder niedrige Selbstreaktion und kognitive Reaktionen um weiteres Vorgehen entsprechend steuern zu können.	situationsabhängiges, personengerechtes reagieren
169	Durch die Teilnahme an erlebnisorientierten Persönlichkeitskursen habe ich erfahren, dass die wichtigste Investition in den Betrieb die Investition in den Betriebsleiter ist. Ich habe 25 weitere Unternehmerkurse gemacht und bin natürlich dadurch erst ein kompetenter erlebnisorientierter Dozent in diesen Bereich geworden."		Die Erfahrungen aus der EP motivieren den eigenen Lebensprozess zu gestalten
177	„Ein Trainer im TOP-Kurs hat mich besonders geprägt, ich habe viel von seiner Vielseitigkeit als Inspiration mitgenommen. Unser Labyrinth lebt von dieser Vielseitigkeit. Wir müssen jedes Jahr ein neues Motto haben, aufwendige Rollenspiele anbieten, in denen die Teilnehmer zusammenspielen und Aufgaben lösen. Das ist Outdoorpädagogik pur. Auch der Hochseilgarten ist an den Bedürfnissen verschiedener Gruppen angepasst. Neben den Abenteuerbereich haben wir den Teambereich, der uns flexibel reagieren lässt."		Erfahrungen mit EP steigern die Kreativität

Anhang 3: Kodierleitfaden der Verwirklichung

Kategorien	Definitionen	Zeile	Ankerbeispiele	Kodierregeln	Generalisierungen
(K4) Ver-wirklichung	Die erlebnis-pädagogi-schen Maß-nahmen müssen bzw. können in der Berufs-schule ver-wirklicht werden, um die Selbst-wirksamkeit der SuS zu stärken	10	„In der Schule muss eine gewisse persönliche Basis geschaffen werden, damit die SuS verstehen, dass nach der Ausbildung nicht nur das fachliche zählt, sondern auch das menschliche"	Alle Aspekte der De-finitionen müssen in Richtung „umsetz-bar" weisen, es soll kein Aspekt auf nur „bedingt umsetzbar" oder „nicht umsetz-bar" schließen. Sonst wäre die Kodierung auf „nur bedingt um-setzbar" oder auf „nicht umsetzbar" ge-richtet.	Frühzeitige persönliche Aus-einandersetzung, um berufli-che Kompetenzen zu entwi-ckeln
		81	„Ja ich denke schon, dass man die erlebnispädagogischen Maßnahmen in den Un-terrichteinbauen könnte. Bei uns wurde das bislang aber nicht gemacht, ich finde das aber schon wichtig, insbesondere um sich besser kennenzulernen und einschät-zen zu können."		
		143	„Also um Sozialkompetenzen und Empathie ggü. anderen aufzubauen müssen sol-che erlebnispädagogischen Maßnahmen auf jeden Fall in die Ausbildung. Ich finde das wichtig für die eigene Entwicklung und für die Zusammenarbeit mit Men-schen."		
		145	„Das fachliche ist auch super wichtig, das braucht man immer irgendwo im Leben wieder aber meiner Meinung nach muss man in der Ausbildung auch lernen, Ver-antwortung zu übernehmen. Man muss sich selbst kennen lernen, das braucht man nachher im Beruf viel eher."		
		91	„Ich will hoffen, dass die EP kommt und problemorientiert unterrichtet wird, denn das kommt in der Praxis am häufigsten vor, dass ein bestehendes Problem von uns gelöst wird."		Problemorientierte EP stellt Realitätsnähe zum Beruf her

	113	„Also der Rahmenlehrplan ist auch mit den erlebnispädagogischen Maßnahmen voll abgedeckt. Wir holen die Experten ja extra in den Unterricht, um bestimmte Inhalte komprimieren zu können, für die wir sehr lange brauchen würden."		Gesetzliche Anforderungen sind mit erlebnisorientierten Maßnahmen in der Schule abgedeckt
	155	„In einer Themenwoche könnte erlebnisorientiert gearbeitet werden. Ich denke es ist sehr wichtig, dass die Themen mehrere Tage verfolgt werden und gleichzeitig nicht an Attraktivität verlieren, wenn man dies jetzt regelmäßig in ein Unterrichtsfach integrieren würde.		Erlebnisorientierte Themenwoche bestärkt persönlichkeitsbildenden Einfluss
	169	„Ich glaube schon, dass es Sinn macht den Bazillus der Persönlichkeitsentwicklung mit den erlebnispädagogischen Maßnahmen in den Pflichtschulen zu nehmen, damit die Chance das offene Kanäle und offene Sinne für die eigene Persönlichkeit entstehen, größer ist."		EP in der Schule öffnet Kanäle für die eigene Persönlichkeitsentwicklung
	169	„Stell dir doch mal vor, all die Pädagogik würde in dem Team, und die Schulklasse ist auch ein Team, nichts mehr bringen. Allein da wäre ein erlebnispädagogischer Nutzen sinnvoll. Die Mannschaft trifft sich in einem neuen Feld wieder, bisherige Rollen und Hierarchien fallen und es zeigen sich neue Persönlichkeitsseiten und positive Impulse."		Erlebnispädagogik als Notlösung in der Teamentwicklung
Maßnahmen können in der Berufsschule unter Umständen verwirklicht werden	27	„Jaein, ich finde eins zu eins die erlebnispädagogischen Maßnahmen zu ersetzen, macht wenig Sinn aber wie es jetzt stattfindet, ohne erlebnispädagogische Maßnahmen macht es auch keinen Sinn. Also es könnte umgesetzt werden, aber dann müsste es vorbereitet und dann nach der praktischen Durchführung nachbereitet werden, damit die Theorie auch gefestigt ist."	Wenn nicht alle Aspekte auf „umsetzbar" oder auf „nicht umsetzbar" schließen lassen	EP werten den gängigen Unterricht durch Vorbereitungs-, Praxis- und Nachbereitungsphasen aufwerten nicht ersetzen
	37	„Die Teambuildingmaßnahmen, die man aus der EP kennt, machen ja relativ wenig Sinn, wenn die SuS drei Mal die Betriebe und dementsprechend auch die Schule		Einige erlebnispädagogischen Maßnahmen machen

		wechseln. Was die sportlichen Aktivitäten angeht, da weiß ich nicht, ob das so zielführend ist. Eine kleine Einheit zwischen den Stunden wäre wahrscheinlich sinnvoller als richtige Schulstunden. Exkursionen und Ausflüge finde ich gut, wenn diese auf dem Lehrplan aufbauen und übergreifend wirken."		in der Schule mehr Sinn als andere
	97	„Also wir würden bei der Schulleitung mit den erlebnispädagogischen Maßnahmen durchkommen, müssten dann allerdings jedes Mal wieder neu argumentieren. Es ist eben noch nicht selbstverständlich so zu arbeiten und ein Zusatzaufwand für alle. Es wäre einfacher, wenn die Zeit im Unterricht verbracht wird, ohne Externe reinzuholen oder selbst rauszugehen."		Schulinterne Restriktionen schränken den Umgang mit erlebnispädagogischen Maßnahmen in einigen Fällen ein
	121	„An unserer Schule könnten wir auf jeden Fall noch erlebnisorientierter Arbeiten. Wir hängen an unserem Stundenplan fest, aber wenn man dies lockern würde, dann könnte man u.a. noch mehr Kooperationen mit den Betrieben eingehen."		Abweichungen vom Stundenplan, Rahmenlehrplan sind schwierig
	173	„Natürlich kommt es auf die Dosis an. Ist das ein hochwertiges EP Seminar, können verschiedene Outdoor- und Indooraktivitäten zu Widerständen führen, wenn diese zu häufig angewendet werden. Kann die erlebnispädagogische Einheit mit fachlichen Themen verbunden werden, soll auch mehr EP eingesetzt werden. Wobei ich auch finde, dass nicht jede Einheit an die Themen der Fächer gebunden sein muss."		Zu viel EP kann zu Widerständen führen, Nicht jede erlebnisorientierte Einheit muss begründet werden
Die erlebnispädagogischen Maßnahmen können nicht in der Berufsschule	91	„Ich weiß nicht ob man Projektwochen an unserer Schule organisieren könnte. Ich bin im ersten Lehrjahr und wir haben nur eine Klasse in unserem Lehrjahr. Da ist das dann schwierig zu legitimieren, da wir zu wenig Schüler sind, die sich dafür interessieren."	Alle Aspekte deuten auf „nicht umsetzbar" hin. Es bestehen keine Ausnahmen oder Schwankungen	Erlebnispädagogischer Aufwand ist zu hoch
	111	„Ja, warum würde das nicht gehen, da müssten wir jetzt in die Tiefe gehen. Es gibt in der Unterrichtsgestaltung eine gewisse Flexibilität aber auch eine ganze Menge an Bürokratie. Wir kriegen regelmäßig von der Schulleitung einen drüber, wenn		Bürokratie schränkt freie Unterrichtsgestaltung ein

umgesetzt werden		bestimmte Sachen anders gemacht werden oder der Stundenplaner schimpft, wenn er sich um Vertretungen kümmern muss."	
	133	„Im aktuellen Lehrplan haben wir keinen Platz, um über die Persönlichkeitsentwicklung der SuS direkt zu sprechen. Wir haben immer Platz für eine 90-minütige Einheit, aber um tiefgreifend zu arbeiten, reicht die Zeit nicht. Allerdings haben wir überlegt, ob wir in dieser Richtung nicht mehr machen müssen, da wir merken, dass das für die SuS ein großes Thema ist, aber dafür ist die Abschlussprüfung zu nah:"	Lehrplan hat kein Platz für EP
	177	„Da schlagen zwei Herzen in meiner Brust. Auf der einen Seite sehe ich natürlich, dass nicht jeder ein Talent oder den Zugang zur Erlebnispädagogik, zur Persönlichkeitsentwicklung hat oder an sich arbeiten oder reflektieren möchte. Auf der anderen Seite sehe ich verlorenes Potential, wenn diese Teilnehmer nie erlebnisorientiert lernen.	Nicht jeder SuS hat Zugang zu erlebnispädagogischen Maßnahmen
	179	„Des Verletzungsrisiko in der Erlebnispädagogik ist viel größer, die Trainer haben eine größere Verantwortung ggü. den Teilnehmern/innen und ihnen wird eine größere Verantwortung oder Schuld zugewiesen, wenn wirklich mal etwas passiert. Dies ist mit einem höheren Aufwand verbunden, das Risiko möglichst zu minimieren. Außerdem sind die Outdooraktivitäten wetterabhängig, die Trainer müssen also flexibel agieren.	Verletzungsgefahr, Schuldzuweisungen, Abhängigkeit vom Wetter ist bei Outdooraktivitäten höher als im Klassenzimmer
		„Auch besteht das Risiko, dass erlebnispädagogische Einheiten übertrieben eingesetzt werden oder kein inhaltlicher Bezug hergestellt werden kann, dadurch geht die persönlichkeitsbildende Wirkung verloren."	Übertriebener Einsatz verringert die Wirkung

Anhang 3: Transkription

Bei der Transkription wurden folgende Regeln verwendet:

- P: Intervierte Person
- I: Interviewerin
- Wörtliche Transkription, keine extremen Glättungen
- [...]: Auslassung durch die transkribierende Person
- (1): Pausen werden ab einer Sekunde Länge notiert
- Unterstrichendes: auffällige Betonung
- **Fett gedrucktes:** größere Lautstärke
- Tilgungen werden so erfasst, dass die ursprüngliche Form des Wortes weitestgehend erkennbar bleibt (sin – sind)
- Äh, öh. Ähm werden notiert
- Dialekt wird nicht notiert
- Komma werden zur Strukturierung gesetzt

Interview 1: Landwirtschaftlicher Betriebsleiter, Großunternehmer

Zeit	Spre-chende/r	Notie-rung	Inhalt	Kate-gorie
1:21	I	(1)	Als erstes würde ich dich darum bitten etwas über die zu erzählen, also wie bislang deine berufliche Karriere so aussah?	
1:39	P	(2)	Puh, meine berufliche Karriere also joa was soll ich sagen, ich hab das ja quasi von der <u>Pieke</u> aus schon gelernt ähm und wir hatten schon seit ich denken kann Auszubildene deswegen war ich da auch immer mit drin was das anging und bin irgendwo damit groß geworden und wusste auch schon ja ich hab vielleicht in dem Alter noch nicht so direkt drauf geachtet aber ich wusste vielleicht was die <u>Crux</u> ist, wenn man Auszubildene hat also das halt schon irgendwo was Besonderes ist oder darstellt und ja hab mich dann mit fünfzehn selbst dazu entschlossen auch Landwirt zu werden und hab drei	

			Jahre eine Ausbildung gemacht, zwei Jahre auf einen Fremdbetrieb und ein Jahr zuhause und nach der Ausbildung wollte ich meinen Techniker anfangen der hat allerdings erst ein Jahr nach meinem Praxisjahr angefangen also hatte ich dann zwei Praxisjahre dazwischen, das hab ich allerdings genutzt, um nen' Herdenmanagerlehrgang zu machen ähm weil ich mir gedacht hab ähm ja ähm irgendwas muss ich dazwischen machen um mich mal weiterzubilden oder irgendwie am Ball zu bleiben und (1) ja hab dann mein Techniker gemacht in Verbindung mit dem Ausbilderschein und (1) joa das ist so mein Werdegang	
3:57	I	(3)	Okey, hast du neben den Herdenmanagerlehrgang noch andere Fortbildungen besucht? […]	
4:07	P	(4)	Stand jetzt oder zwischen der Ausbildung?	
4:10	I	(5)	Nee, Stand jetzt.	
4:12	P	(6)	Ich hab' natürlich den TOP Kurs besucht (1) ähm aber auch ähm ich hab noch n paar Sicherheitstrainings gemacht beim ADAC, meinen Eigenbestandsbesamerlehrgang, nen Schweißerlehrgang, joa das waren so das was ich so zwischendurch gemacht hab also	
4:35	I	(7)	Okey und wenn du dann so […] auf deine berufliche Karriere zurückblickst, hattest du da immer das Gefühl ausreichend gebildet zu werden, sei es jetzt persönlich, fachlich als auch sozial? Oder meinst du die Fortbildungen haben das erst ermöglicht?	
5:02	P	(8)	Mmh nee ich denke schon das die Fortbildungen da maßgeblich zu beigetragen haben also den BUS-Kurs hab ich auch gestartet so (1) das fällt mir auch noch gerad noch ein (1) das ist halt die	**K4a**

			Persönlichkeitsentwicklung finde ich bleibt halt in der Ausbildung ziemlich auf der Strecke oder da wird zu wenig bis nicht viel drauf geguckt (1) man hat halt den Vorteil das es ein familiäres Umfeld ist und dass einem dann Spaß macht dann kommt man auch schon auf Leute, die schon ein bisschen gucken, wie man denn so drauf ist oder wie man sich entwickelt (1) in der Regel kriegt man ja schon wohl ein Feedback wie man jetzt so ist oder nicht und ja (1) aber sonst so berufsschulmäßig und so (2) bin ich schon der Meinung, dass da mehr passieren kann oder auch muss (1)	
6:07	I	(9)	Ja, inwiefern meinst du das, […] was hat die gefehlt in der Ausbildung?	
6:15	P	(10)	Naja eigentlich alles so Punkte, die im BUS oder im TOP Kurs angeschnitten werden, wie Kommunikation, ähm wie präsentiere ich mich ganz wichtig, Öffentlichkeitsarbeit ähm ja um mal so ein paar Stichpunkte zu nennen (1) da muss einfach mal so eine gewissen Basis geschaffen werden, (2) dass ja dass die wissen das nicht nur das fachliche zählt sondern auch das menschliche (1)	K4a
6:53	I	(11)	Und warum findest du es gerade wichtig, im Bezug auf deinen jetzigen Beruf?	
7:01	P	(12)	Mmh, naja so gesehen hat man ja wenig mit Menschen zu, also jetzt so in meinem Fall (1) auf der anderen Seite doch viel dann wieder (lacht) (1) also man hat ja ach nee wie formulier ich's also eigentlich denkt man, man hat viel mit Menschen zu tun aber man hat eigentlich genau so mit Menschen zu tun, wie einer der Versicherungen verkauft oder sonst was macht (1) weil man hat täglichen Kontakt, sei es zur Werkstatt sei es zur (1) n'	Begründung

			Steuerberater, den Azubi's den Angestellten oder was auch immer und da (1) und ja sowas zahlt sich finde ich schon aus, dass man so eine Basis kriegt in Sachen Kommunikation und einfach die Instrumente an die Hand kriegt wie man Situationen vielleicht noch irgendwie retten kann oder halt auch anders reagiert als einer der sowas net mitbekommen hat und dann ich sag mal bäuerlich agiert und mit der Hand auf den Tisch haut, ja ähm ja (lacht)	
8:15	I	(13)	Du hast gerade die bäuerliche Art zu handeln angesprochen, wie meinst du das genau? (lacht) Also was hat der Landwirt für nen' Vorteil, wenn er sich gut präsentieren kann, bzw. wenn er sich selbst gut beobachten kann?	
8:33	P	(14)	Naja er wird ernst genommen und gleichzeitig ähm (2) bleibt er mit nem positiven Bild im Gedächtnis. Also Leute die jetzt extrem dominant sind und hervorpreschen, die werden ja auch ernst genommen, nur gehen die aus dem Gespräch raus und der andere der dann voll auf die Schnauzte bekommen hat, der denkt sich dann naja (1) den brauch ich jetzt nicht nochma' oder so (1) und wenn man ja das alles n bisschen geschickt einleitet und ein angenehmes Gespräch führt, dann denk ich ist das der bessere Weg	**Begründung**
9:15	I	(15)	Du hast gerad' schon angesprochen, wie man reagieren könnte. Was meinst du, wie reagierst du nach den ganzen Fortbildungen? Hat sich da was verändert?	
9:23	P	(16)	Mmh, jein man bekomm's ja nicht oder ich bekomm's ja nicht so mit wie andere (1) ich denk trotzdem, dass ich mir mehr Gedanken mach um	

			meine Wortwahl und äh wie ich was erreichen will (1)	
9:55	I	(17)	Ja, okey (1) ja dann würd' ich nochmal kurz zurück zur Ausbildung [...] Was hat dich denn im Gegenzug begeistert, ich mein du machst ja jetzt den Beruf mit Leidenschaft weiter.	
10:07	P	(18)	Joa, was hat mich begeistert [...] was mich schon immer begeistert hat, ist dieses familiäre Zusammenleben und gleichzeitig dieses Streben nach ja dem ich nenn's jetzt mal nach dem Feierabend. Aber nachdem halt das die Arbeit ruhig ist, das alles klappt, das alle Tiere gesund ist, das alle weiß ich net das alle zufrieden sind, das alle irgendwie an einem Strang ziehen das ist halt auch n' bisschen der Größe geschuldet oder ähm positiv geschuldet (1) ähm weil in der Regel sind es ja Familienbetriebe oder erweiterte Familienbetriebe und da läuft es ja auch anders als in einer großen Firma ähm nur find ich halt genau das super geil, weil man halt so locker in den Tag arbeiten kann, weil jeder ist dabei, jeder macht mit, joa das macht einfach Spaß (1)	
11:04	I	(19)	Ja okey und diese Begeisterung, du hast das jetzt auf deinem Betrieb benannt aber hat dich auch in der Berufsschule an sich ja hat dir da was gut gefallen?	
11:38	P	(20)	Mmh jaa also ich sag mal, man geht ja in der Ausbildung rein und weiß zwar **wie** Arbeiten zu machen sind und ähm dieses <u>Warum</u> fehlt eben oder <u>Für was</u> nenn ich's mal eher und die Schnittstelle die sich dann bildet zwischen Theorie und Praxis das man da dann irgendwie die Brücke schlagen kann und dann merkt wenn man das so macht passiert das und	**Begründung**

			umgekehrt (1) das ist eben das fand ich schon immer erstaunlich ja	
12:06	I	(21)	Erinnerst du dich denn noch wie die Lehrer das an deiner Schule hinbekommen haben, dass eben das theoretische Wissen auf die Praxis bezogen wurde?	
12:26	P	(22)	Gute Frage, ähm wenn ich fies wär' würd jetzt einfach Nein sagen, weil es ne' geschlossene Frage war (lacht)	
12:36	I	(23)	Okey, das hast du also auch gelernt, wie man Fragen stellt (lacht)	
12:42	I	(24)	Ähm […] wie meinst du haben sich die Lehrer ähm haben die Lehrer es geschafft die theoretischen Inhalte auf die Praxis zu beziehen?	
13:07	P	(25)	Ähm also zum einen mit ähm mit Exkursionen, also was in der Ausbildung immer ein Thema zumindest in Hessen ist, ist Exterieurbeurteilung, können halt wenige was mit anfangen, aber wenn man mal diesen Bogen in der Hand hat und steht vor der Kuh, dann kann man halt eher was ist das Merkmal was ist das Merkmal und dann kann man auch eher, find ich, weil das auch oft bei uns immer stattfindet von der Berufsschule, weil die halt nicht weit weg ist, das da eher mal derFunke springt, wie wenn die jetzt den Zettel in der Hand haben, und gucken darauf und joa haben vielleicht fünf mal im Leben ne' Kuh gesehen, wenn's jetzt so'n Hardcore Ackerbauer ist (1) ähm durch so Sachen und natürlich ja durch Darstellungen in allen möglichen Formen also es bringt ja nix wenn der Lehrer in die Klasse kommt, schreibt die Tafel voll und man schreib's ab, also wenn der alles erklärt, zeigt noch Bilder, zeigt n kurzes Video, also wirklich n kurzes Video	**Begründung**

			nicht länger als fünf Minuten, dann verinnerlicht man das viel eher als wenn man das nur einfach abschreibt und das ähm (2) muss dann nicht mal aus verschiedensten ähm Lehrmethoden sein, finde ich	
15:45	I	(26)	[...] meinst du das man alles das was du in der Schule gelernt hast, nur in Exkursionen und Betriebsbesichtigungen stecken könnte? Ob das für die Schule machbar wäre?	
15:55	P	(27)	Jaein, es ist halt immer die Frage wie nah ist die Schule an dem Betrieb dran (1) und ähm das das ist eigentlich das größte Thema find ich, also wenn die irgendwie zwei Stunden hin und her fahren, pro Tag, das ist ja auch blöd (1) Ich find eins zu eins zu ersetzen macht kein Sinn und wie es jetzt stattfindet, macht es auch nicht unbedingt Sinn, also es könnte mehr stattfinden aber es müsste vorbereitet, dann Praxis, dann nachbereiten und nochmal Theorie, damit das gefestigt wird und dann denk ich, ist das n' guter Weg (1) Bei uns war auch schonmal die Berufsschule von **Böhringer Ingelheim** die haben dann so Stallparameter überprüft, Tränkefächen und sowas gemessen und so Sachen (1) ähm das fand ich ganz gut, weil dann wird dann auch das Auge ein bisschen geschult und es wird auch mal geguckt was zählt denn überhaupt und wie ist das überhaupt in son' Stall weil die meisten gehen in einen alten Stall rein sehen erstmal die Hülle und denken so Boar alter Stall umgekehrt gehen sie in nen neuen Stall und denken dann boar geil n' neuer Stall aber n' alter Stall kann ja auch fast besser sein wie ein neuer Stall wenn er von den Boxenabmaßungen und alles besser zum Tier passt wie in einem neuen Stall wo einfach sparsam gebaut wurde oder	**K4b**

			sonst was, dann find ich ist das gut, wenn man sowas mal **macht** (1)	
17:34	I	(28)	Nochmal kurz zurück zum TOP Kurs: Wie meinst du haben sich die Erfahrungen aus dem TOP Kurs zu den Erfahrungen in der Schule unterschieden?	
18:49	P	(29)	Naja im TOP Kurs ähm ist man oder (3) im TOP Kurs wurde ich oder war ich drauf fixiert also auf mich selbst und auf das Umfeld an Personen (1) und in der Berufsschule klar guckt man auch nach Personen und ähm mit wem kann ich gut oder wie auch immer doch wie die sich verhalten, dass kriegt man oder das ist eher so im Unterbewusstsein aber im TOP Kurs find ich hab ich mehr mitbekommen ja wie sich Leute generell geben und wie ich darauf reagieren kann und ja wie das ganze Persönlichkeitsgeschehen so abläuft und ja seit dem achte ich da auch mehr drauf	K1
19:00	I	(30)	Ich hatte die Frage gerade schon gestellt, aber vielleicht kannst du an der letzten Frage ganz gut anschließen: Inwiefern handelst du denn jetzt anders?	
19:14	P	(31)	Ähm, ich mach mir mehr Gedanken wie die Person reagiert, wenn ich meinen Satz umformuliere (1) und ich finde das funktioniert zum Teil auch ziemlich gut (1) also grad also grad in so Sachen wie ja Kritik ist immer son großes Thema (1) hatten wir ja auch (1) ähm da haben wir ja auch zum Beisp also um nur mal son Beispiel zu nennen die Super-Sandwich-technik kennengelernt (1) und wenn man so vermittelt also gelingt halt auch nur bei einem bedingt groben Fehler (1) wenns n' richtig grober Fehler ist, bin ich immer noch der Meinung man soll es lieber direkt ansprechen (1) oder sprech' es eher direkt an, aber sonst wenn man sagt ja schön	K3

			dass du das so gemacht hast, gleichzeitig hätte ich mir gewünscht das du dann da und da noch (1) find ich komm das bei den anderen Personen direkt besser an (1)	
20:40	I	(32)	[...] glaubst du denn, dass die Erfahrungen, die du da gemacht hast, auch so in der Schule bestehen könnten?	
20:46	P	(33)	Inwiefern meinst du das?	
20:51	I	(34)	Ja also, der TOP Kurs war ja verschieden gegliedert also ihr hattet ja einerseits die sportlichen Aktivitäten, dann waren da die Seminare im Seminargebäude, dann wart ihr auf Reisen (1) Meinst du die Aspekte könnten auch also mit in die Schule übernommen werden?	
21:19	P	(35)	Ja, ich denke schon	
21:22	I	(36)	Okey, und inwiefern?	
21:33	P	(37)	(lacht) ähm ja inwiefern? So Teambuilding ist natürlich schwer, wenn jetzt Leute das Ausbildungsjahr drei Mal wechseln, dann macht es ja relativ wenig Sinn (1) Ja und dann hatte ich am Anfang ja schon gesagt, das kann immer gemacht werden (1) ja und so sportliche Aktivität (1) ja jein also haben die oder hier die in Hessen hatten jetzt auch Sport irgendwie einmal im Monat in der Berufsschule (1) ja ähm ob das so zielführend ist dann wäre so ne kleine Einheit dazwischen vielleicht ganz okey aber so wenn man zwei Stunden damit klar macht (1) weiß ich nicht inwiefern das Sinn macht, stell ich mir schwer vor (1) und Exkursionen, ja hab ich ja auch schon gesagt, find ich immer gut, wenn das alles auf dem Lehrplan aufbaut und irgendwie	K4b

			übergreifend wirkt (1) ähm dann sorgt das immer dafür das gelerntes, gefestigt wird.	
22:50	I	(38)	Okey, dann hab' ich noch zwei Abschlussfragen: Erste Frage, wo willst du zukünftig sein und zweite Frage, wie willst du zukünftig sein?	
22:59	P	(39)	Puh ich weiß gar nicht welche Frage schwerer ist (1) (lacht) ähm ja wo will ich zukünftig sein ist natürlich also ich hab schon vor dem Betrieb hier mal zu übernehmen (1) und ähm gut wie ich den ausbaue oder wie das alles weiter läuft das steht jetzt einfach noch in den Sternen aber ich sag mal ich will den Betrieb übernehmen ja und wie will ich sein ja ein klar denkender, offener, lockerer und kommunikativer Typ also ich weiß nicht ich find es nützt nichts wenn man mit den Kopf durch die Wand rennt und es nützt auch nichts wenn man zu viel Abstand hält also ich finde immer ein gutes Mittelmaß ist immer so genau da zwischen (1) Also ich schätze gern die Situation son' bisschen ab und gucke wie kann ich damit oder auch nicht (1) ja das fällt mir beruflich leichter als jetzt so im Ehrenamt wobei das nach dem TOP Kurs sich auch gebessert hat, natürlich.	K2

Interview 2: Berufsschüler einer landwirtschaftlichen Berufsschule im ersten Lehrjahr

Zeit	Spre-chende/r	Notie-rung	Inhalt	Kate-gorie
4:05	I	(40)	Als erstes will ich dich fragen, wie überhaupt deine schulische Ausbildung bis jetzt aussah?! Was du bisher so gemacht hast [...]	
4:14	P	(41)	Also bisher hab' ich den Realschulabschluss nach der zehnten gemacht (1) und jetzt bin ich halt im ersten Lehrjahr auf der Berufsschule [...]	
4:34	I	(42)	Ja und ähm (2) Hast du (1) also die Berufsschule (1) wie hast du die so wahrgenommen, im Vergleich jetzt zu Beispiel zu der Realschule?	
4:35	P	(43)	Also ähm im Unterricht also wie der Unterricht gemacht wurde, fand ich jetzt eigentlich jetzt nicht so ein großen Unterschied (1) die Berufsschule war halt mehr das Thema bezogen was einen interessiert (1) weil es um den Beruf ging und in der Realschule waren es ja schon immer viele Themen die einen nicht interessiert haben (2) in der Berufsschule ging's ja wirklich nur über den Beruf (1) und das hat dann interessiert	
4:56	I	(44)	Also heißt das in der Berufsschule wurde auch eigentlich so fachsystematisch unterrichtet, wie quasi in der Realschule? Also ihr habt ähm jetzt zum Beispiel wenig ähm [...] trotzdem wenig Exkursionen gemacht und saßt du auch oft im Klassenzimmer?!	
5:13	P	(45)	Ja (2) also ähm ja (1) also es kommt drauf an das ist auch find ich viel lehrerabhängig (2) in ein Fach (1) in Tierischer Produktion da merkt man schon da sitzen wir nur im Klassenzimmer und der Lehrer steht halt fast nur an der Tafel und redet nur da machen wir jetzt gar keine Gruppenarbeit und so, da muss	

			man nur zuhören (1) und bei <u>Pflanzlicher Erzeu-</u> <u>gung</u> der Lehrer bindet uns auch gut mit ein, wir ma- chen <u>viel Gruppenarbeiten (</u>1) haben viel draußen gemacht und so (1) dann ist das auch interessanter und das ist auch lehrerabhängig find ich (2)	
5:47	I	(46)	Ja auf jeden Fall (1) und ähm du sagtest ja gerade da habt ihr was draußen gemacht ähm was hat sich denn (1) was begeistert dich denn an der beruflichen Schule gibt es irgendwelche keine Ahnung irgend- welche Themen die dich besonders interessieren, ir- gendwelche Projekte die ihr gemacht habt oder ähm irgendwelche Projekte die du vielleicht mal gerne machen würdest?	
6:11	P	(47)	Achso ähm, ja einmal gut fand ich (1) da haben wir […] im Unterricht gesagt das wir draußen was ge- macht haben da das war im Herbst da ging es um die Aussaat von Getreide und da hatten wir alle so kleine Versuchsfelder ein Quadratmeter <u>glaub ich</u> (1) und da mussten wir <u>selber,</u> also der hat uns das dann an der Tafel erklärt und alles und wir mussten selbst <u>bestimmen,</u> wie viel wir da jetzt auf den Quadratmeter sähen müssen und so und was wir da jetzt sähen können (2) und das fand ich schon sehr gut praxisbezogen […] ja und solche Projekte halt (1)	
6:48	I	(48)	Okey, weil es praxisbezogen war und warum fan- dest du es vielleicht noch gut?	
6:52	P	(49)	Ja weil das (2) viel mit der Realität zu tun hat und man sich das nicht nur theoretisch <u>vorstellt</u> und das auch <u>praktisch macht</u> (1) und nicht nur theoretisch auf dem Zettel sieht, wie man das machen müsste und das dann auch in die Tat umgesetzt hat (1)	**Be-** **grün-** **dung**
7:05	I	(50)	Das man dann vielleicht auch eher (2) darauf kommt, was halt schief gehen könnte …	

7:12	P	(51)	Ja genau, weil man das ja praktisch <u>macht</u> kann man auch (1) kann ja auch was schief gehen und dann kann man auch direkt mit den Lehrer drüber spre-chen, wie man das anders hätte machen können (1) während es auf den Zettel (1) wenn man das nur the-oretisch macht, dann merkt man ja nicht was da schief geht, find ich	**Be-grün-dung**
7:49	I	(52)	Ja (1) und was hast du da für dich gelernt [...] hast du auch für dich irgendwas da mitgenommen, also persönlich mein ich jetzt? [...]	
7:51	P	(53)	Nein so jetzt eigentlich nicht, nicht das ich wüsste man hat einfach gelernt	
8:07	I	(54)	Okey (2) ähm jetzt sagtest du gerade ganz am An-fang, dass die Berufsschule schon ziemlich ähnlich zu der Realschule war. Was ähm nervt dich denn da überhaupt? [...]	
8:15	P	(55)	Ja also das der Unterricht manchmal echt wohl lang-weilig ist (1) der Lehrer zwei Stunden vorne steht und <u>nur</u> redet alles erklärt aber gar nicht die Schüler mit einbindet (1) das man jetzt auch irgendwie mal (1) zusammen darüber redet, wie das jetzt funktio-nieren könnte, oder so (1) oder das man mal in der Gruppe darüber das man in der Gruppe eine Auf-gabe <u>bekommt</u> dann diese Aufgabe bearbeitet und vorstellt oder so sondern wirklich das der Lehrer nur vorne steht das an der Tafel erklärt und dann ab zum nächsten Thema	**Be-grün-dung**
8:46	I	(56)	Ja (1) und was würdest du dir im Gegenzug dann wünschen?	
8:50	P	(57)	Ja das die Schüler halt n' bisschen mehr mit <u>einbe-zogen werden</u> (1) das auch mal (1) ja das das viel-leicht mal anders erklärt wird oder n Schüler die Aufgabe bekommt und das bearbeitet wird und	**Be-grün-dung**

			nicht einfach nur erklärt wird und man hat dann gar keine Zeit das <u>richtig zu bearbeiten</u>	
9:12	I	(58)	Ja. Was meinst du denn, hätte die Gruppe noch so für <u>Vorteile</u>? […]	
9:14	P	(59)	Ja das man gemeinsam n' Lösungsweg finden kann (1) man kann sich ja auch in der Gruppe gegenseitig helfen (1) ja und dann ja kann ja jeder den anderen unterstützen wenn was nicht verstanden wird und ja dann (1) in der Gruppe lernt man auch aus den Erfahrungen von den anderen, wenn andere was besser können	**K1**
9:40	I	(60)	Ja also von den Erfahrungen der anderen lernen (1) und was nimmt man für sich selber vielleicht auch noch mit? […]	
9:50	P	(61)	Ja klar (1) man lernt die Mitschüler erstens besser kennen und dann ja wenn bei Gruppenarbeiten (1) ich find dann dadurch wird der Klassenzusammenhalt und so <u>besser</u> und das fördert ja auch (1) den Umgang mit anderen <u>Menschen</u> (1) ja	
10:11	I	(62)	Und wie fühlst du dich in der Gruppe, fällt dir das leicht und kannst du dich auch selber so entwickeln?	
10:18	P	(63)	Ähm (1) ja also was man jetzt (1) wie meinst du das jetzt genau?	
10:32	I	(64)	Ja einerseits hast du ja gesagt man […] lernt die Schüler besser kennen, ähm aber lernt man vielleicht sich selber auch besser kennen, in so nem Prozess?	
10:44	P	(65)	Ja ähm klar ähm es gibt ja verschiedene Rollen in der Gruppe bei <u>Gruppenarbeiten (2)</u> dadurch ja merkt man schon (1) wie soll man das jetzt sagen ihmmm […] ja zum Beispiel wie viel man jetzt im Gegensatz zu den anderen schon weiß oder auch nicht weiß (1) und auf welchen Stand man jetzt ist (2) da kann man sich jetzt auch ein bisschen mit den	**K2**

			anderen vergleichen (1) also ob man jetzt viel in der Gruppe ob man da viel dazu beitragen kann oder wenn man jetzt eigentlich gar keine neuen Informationen dazu geben kann [...]
11:32	I	(66)	Ja sehr gut (1) Dann komme ich jetzt mal weg von der Schule also was du denn so in der Freizeit machst [...] Warum beschäftigst du dich überhaupt in der Freizeit mit solchen Aktionen? [...]
11:39	P	(67)	Ja in der Freizeit (2) joa da spiele ich halt Fußball gerne ich mache generell gerne Sport oder mache was mit Freunden oder gucke auch abends fernsehen oder so (1) ja [...] ja Fußball ähm, spiel ich halt gerne, weil es mir einfach Spaß macht auch Sport zu machen (1) und da sind alle Freunde (1) da kann man sich auch mit Freunden treffen (1) und da ist auch son Teamzusammenhalt (1) ja
12:31	I	(68)	[...] kann man denn das was du beim Fußball hast also an Gefühlen im Team kann man das mit bestimmten Situationen in der Schule vergleichen? [...]
12:41	P	(69)	Puh, ja also ja klar (1) also jetzt beim Fußball da haben wir alle ein gemeinsames Ziel zum Beispiel das Spiel zu gewinnen und jetzt Berufsschule wenn man zum Beispiel jetzt Gruppenarbeit macht zum Beispiel also (1) alle eine Gruppe ein Plakat machen muss haben alle das gemeinsames Ziel, das Plakat so gut wie möglich zu machen (1) und ja dann (1) merkt man ja in der Gruppe, dass man sich gegenseitig hilft das jeder dann auch (1) das Thema versteht und am Ende gut vorstellen kann
13:11	I	(70)	Gut [...] Warum glaubst du machen, ähm suchen wir neben der Ausbildung noch andere A-Aktionen?

13:47	P	(71)	Ja ich denke je nachdem weil man neben der Land-wirtschaft auch Ablenkung braucht (1) Ich hab jetzt zum Beispiel auch viele Freunde, die jetzt mit der Landwirtschaft auch nichts zu tun haben oder so (1) da lernt man dann auch neue Sachen (1) das finde ich auch wohl wichtig, dass jetzt nicht (1) aller im-mer nur alles über ein Thema geht sondern das man auch Abwechselung hat (1) das man dann auch mal über wirklich andere Sachen spricht und nicht im-mer nur über Landwirtschaft oder so [...]	Be-grün-dung
14:55	I	(72)	Äh (2) Kannst du so sagen, von den Erfahrungen, die du schon hast, ähm dass du in der Schule ausrei-chend gefördert wird, also bezogen auf das fachli-che aber auch auf das persönlich auf das soziale? [...]	
15:15	P	(73)	Ja das fachlich finde ich jetzt (1) manchmal (1) ja da find ich da könnte man manchmal etwas mehr gefordert werden (2) das ist wirklich manchmal so ja wie soll ich das sagen (1) zu larifari (1) und dann das man dann für so n' Arbeitsblatt [...] zu lange Zeit hat und das jeder schon genau verstanden hat (1) und das da einfach (1) ja [...] nicht so sehr in die Tiefe sondern bisschen oberflächig alles behandelt wird (1) [...] Ja also da find ich jetzt (1) also bis jetzt in der Berufsschule haben wir gar nicht bis sehr we-nig darüber gelernt also den Umgang mit Menschen oder so hat [...] nää darüber haben wir jetzt so nicht gesprochen	Be-grün-dung
17:30	I	(74)	Habt ihr denn mal über euch als Person mal gespro-chen also ähm das ihr euch mal selber in den Mittel-punkt stellt, euch beobachtet, (1) ja welche Stärken hab ich, welche Schwächen hab ich, [...] das ich	

			mal weiß wo steh ich überhaupt in meinem Betrieb zum Beispiel?	
17:42	P	(75)	Nee, sowas haben wir auch noch nicht gemacht	
17:43	I	(76)	Okey, findest du das denn wichtig? […]	
17:47	P	(77)	Ja also das finde ich eigentlich auch wohl wichtig, dann lernt man sich auch selber besser kennen und besser einschätzen (2) und ich find, wenn man das in der Schule macht und dann nochmal die Lehrer und andere Menschen dann bewerten ist das auch besser als wenn man das jetzt für sich selber macht (1) weil dann schätzt man sich ja oder meistens auch noch falsch ein (1) eigentlich finde ich das schon wichtig (2) aber wurd' halt bei uns bis jetzt noch nicht so gemacht	
18:20	I	(78)	Okey, ähm (4) […] würdest du dir also wünschen, dass die Schule auch tatsächlich in die Tiefe der persönlichen Eigenschaften und so geht? […]	
18:30	P	(79)	Ja ja eigentlich finde ich das schon wohl wichtig (1) weil (1) klar jeder Mensch hat <u>Stärken und Schwächen</u> und manchmal und oft merk man seine Schwächen auch gar nicht so oder andere sehen noch andere Schwächen die man jetzt gar nicht erkennt (1) und wenn jetzt in der Schule darüber geredet wird, dann <u>kann</u> man ja auch darüber sprechen wie man die Schwächen jetzt im Verhalten auf andere ändern kann und das besser machen <u>kann.</u>	**Be-grün-dung**
19:17	I	(80)	Meinst du man kann das auch so in den Unterricht einbauen oder müsste man da ein externes Programm raus machen? […]	
19:40	P	(81)	Ja ich denk ja n' ein bisschen geht das glaub ich schon in den Unterricht mit ein (4) dass man da mal ne stunde drüber spricht (1) oder das auch mal so	**K4b**

			beim in ein Thema mit einbaut und darüber spricht mit den anderen	
20:40	I	(82)	[...] Wohin geht denn jetzt der Weg für dich?	
20:45	P	(83)	Ja also erstmal will die Ausbildung beenden, dann hab ich eigentlich geplant, zur HöLa zu gehen und dann wenn das alles gut klappt und so (1) dann hier den Hof weiter zu machen (1) so war es eigentlich geplant	
20:59	I	(84)	[...] meinst du bist nach der HöLa [...] voll und ganz fertig ausgebildet und ähm ja bereit für alles was kommt im Leben?! Oder meinst du die Schule hätte ja dann doch noch ähm irgendwo helfen können?	
21:10	P	(85)	[...] ich denk das man nur weil man jetzt die HöLa geschafft hat, das man dann direkt den ganzen Betrieb übernehmen kann (1) sondern auch erstmal viel Praxiserfahrung sammeln muss (1) weil auf der HöLa wird ja jetzt auch nicht jedes Szenario (2) da jetzt thematisiert, was passieren könnte und die richtige Entscheidung ist (1) das muss man dann viel in der Praxis lernen	
22:10	I	(86)	[...] wenn du jetzt so ein Problemszenario hast, wie gehst du dann daran? Hast du da dann eine besondere Strategie oder so?	
22:12	P	(87)	Puh, (2) ja also (1) das kommt drauf an was für n' Problem. Also ich versuch's halt erst mal zu lösen und wenn das nicht klappt (2) dann frag ich nach Hilfe (1) jemanden der vielleicht wüsste wie man das Problem löst (1) ja und dann ist das meistens auch schon gelöst (1) Alsoo erst versuch's ich selber und dann frag ich nach Hilfe	

22:51	I	(88)	Hast du denn vor nach der Schule noch irgendwelche Weiterbildungskurse anzugehen? […]	
23:02	P	(89)	Ja na geht ich hab' mir da jetzt noch nicht Gedanken drüber gemacht (1) über irgendwelche Weiterbildungskurse oder so also da wurde jetzt noch nicht <u>drüber</u> gesprochen (1) also da hab ich mir noch keine Gedanken zu gemacht	
23:12	I	(90)	[…] Was meinst du denn ob man die Aktionen der Erlebnispädagogik sag ich mal in die Schule miteinbaut? […] Ist sowas sinnvoll? […]	
24:23	P	(91)	Also ich will hoffen das sowas kommt, weil dann wär der Unterricht nicht mehr so eintönig (1) und ähm ja durch die ganze Abwechslung mit diesen Methoden könnte man dann auch noch besser lernen (1) zum Beispiel [...] das der Lehrer dann zum Beispiel irgendwie mal irgend n Problem darstellt, was jetzt auf einem Beispielbetrieb passiert ist, und die Klasse oder die Schüler dann lösen müssen, wie man dieses Problem <u>beheben kann.</u> Sowas dann und nicht einfach nur drüber erzählt wird sondern auch mal ein Problem dargestellt wird und die Klasse das dann lösen muss (2) weil sowas das kommt in der <u>Praxis</u> eigentlich am häufigsten vor […] Ja und sowas wurde halt noch gar nicht gemacht also das wir irgendein Problem lösen müssen oder so […] ja und sonst mit Projektwochen und so könnte man in der Berufsschule auch wohl einführen […] Nur ja […] wenn man da jetzt ne' Projektwoche über Landwirtschaft macht, ich bin jetzt also wir sind jetzt im ersten Lehrjahr und wir sind die einzige <u>Klasse</u> (1) Deswegen wäre das glaube ich ein bisschen schwer in der Berufsschule so ne Projektwoche zu machen	**K4a**

			(1) weil da dann zu wenig Schüler sind die das Lernen [...]	
I	25:04	(92)	Ja an der HöLa würde das dann vielleicht gehen [...]	
P	26:07	(93)	Achso ja also da durfte sich jeder dann ein Thema aussuchen, was einen interessiert?!	
I	26:09	(94)	Ja, genau	
P	26:09	(95)	Ja das finde ich ja auch besser (1) weil wenn einem das Thema interessiert (1) dann kann man das auch besser lernen find ich und dann (1) will man das auch besser verstehen (1) als ein Thema das einen nicht so interessiert, dann hängt man sich nicht so rein find ich	
I	26:37	(96)	[...] Glaubst du all das was ihr jetzt so lernt, könnt ihr in erlebnispädagogische Aktivitäten reinpassen [...]	
P	27:05	(97)	Ich glaube nicht alles aber einen Teil könnte man schon machen (1) also bei uns an der Schule wird jetzt gar nichts mit den Aktivitäten gemacht (1) Ähm aber ich glaube einen Teil könnte man wohl machen (1) aber auch nicht alles [...]	

Interview 3: Abteilungsleiter und Lehrer einer landwirtschaftlichen Berufsschule

Zeit	Spre-chende/r	Notie-rung	Inhalt	Kate-go-rien
3:39	I	(98)	Die erste Frage ist: Wie überhaupt deine schulische und akademische Ausbildung aussieht?! [...]	
3:41	P	(99)	Also meine persönliche Ausbildung war so äh das ich die Realschule besucht hab, dann das Abitur ge-macht hab, dann ein einjähriges gelenktes Prakti-kum bei der Landwirtschaftskammer (1) das gabs damals noch, inzwischen haben die das ja abge-schafft (1) uund äh danach hab ich dann Agrarwis-senschaften studiert uund dann hab ich erst äh 7 Jahre im Vertrieb gearbeitet, bei Wiesenhof und dann hab ich über (1) deen Umweg des Seitenein-stieg- bin ich dann ins Lehramt gegangen (1) da bin ich jetzt auch seit acht Jahren	
4:16	I	(100)	Okey, ähm dann bleib ich noch eben bei der schuli-schen bzw. akademischen Ausbildung noch kurz, ähm hattest du dort das Gefühl, dass du dort ausrei-chend gefördert wurdest? Also fachlich, sozial und auch persönlich also auf das alles was jetzt danach kam? Also auf die Arbeit im Vertrieb beispiels-weise?	
4:32	P	(101)	Ähm jaaa das ist unterschiedlich von den Schulen her (1) also die Realschule war super damals, daa hat das sehr gut funktioniert (1) Gymnasium, das war nuur drei Jahre durchlaufen. Die Uni war so lala aber in Wageningen die Universität, die war richtig super. Da wurde man wirklich direkt auf Vertrieb, auf die Arbeiten in Teams auf die Wirtschaft im Grunde vorbereitet	

4:58	I	(102)	Was haben die in Wageningen denn anders gemacht als die in Deutschland?
5:03	P	(103)	Ja die haben Projekte, Projektarbeiten gehabt ääh wildzusammen gewürfelte Teams gehabt äh das heißt die haben äh also wirklich die haben Projekte die man sich zum Teil selber suchen oder selbst finanzieren musste (1) wo man Sponsoren für brauchte ääh es wurden Teams zusammen gewürfelt, also du wusstest gar nicht, mit wem du in einem Team kommst (1) und ähm man konnte also nicht sagen, ich mach das jetzt <u>alleine</u> oder ich mach mit dem zusamm' sondern es musste sich so finden oder es wurde einfach entschieden der und der arbeitet jetzt einfach zusammen (1) So wie es inner freien Wirtschaft im Grunde ja auch läuft, du kriegst n' Projektpartner oder n' Teampartner und kannst dann nicht sagen mit dem möchte ich aber gerne. Man hat da zusammen n' <u>Projekt bekommen,</u> weil das von Anfang bis Ende dann halt **durchgeboxen** musste, auch mit allen Widerständen die da zusammenhängen.
5:54	I	(104)	Okey, also da war denn eher das projektorientierte oder der Student selber im Vordergrund und nicht wirklich das Thema oder der Inhalt des Faches?!
6:02	P	(105)	Jap das gesamte Projekt war im Grunde im Vordergrund (1) äh ob das jetzt (1) das waren immer ganz verschiedene <u>Themen,</u> also ein Thema war jetzt zum Beispiel wir mussten Möglichkeiten für Holz äh also Holzbau oder äh der Werkstoff Holz wie kann der in der Zukunft genutzt werden und da hatte ne Firma diesen Auftrag gegeben und wir haben gesagt wir machen das zu viert und mussten dann da ne' Projektstudie daraus verfassen (1) was kann man

			noch aus Holz machen, wo bestehen noch Möglich-keiten und so weiter (1) und das haben wa dann halt zu viert mein ich glaub ich gemacht	
6:40	I	(106)	Hast du denn diese positive Erfahrung also konntest du diese in deinem Lehrerberuf nachher verwen-den?	
6:58	P	(107)	Jaa auch im Lehrerberuf (1) einfach dieses zusam-men arbeiten mit unterschiedlichsten Personen mit unterschiedlichsten Kulturen, Hintergründen das konnte man aufjedenfall dafür verwenden	
6:59	I	(108)	Okey, was war denn ähm also du sprachst ja gerade viele positive Aspekte gerade im Bezug zur Uni in Wageningen an aber hat dich vielleicht auch im Schulsystem irgendwas aufgeregt, negativ beein-flusst, was du niemals so übernommen hättest?	
7:12	P	(109)	Äh ja was ich zum Beispiel in der Uni erlebt hab, ist zum Beispiel dieses es gibt n' Fragenkatalog oder alte Klausuren (1) Es wird einfach nur auswendig gelernt (1) das Wissen das vermittelt wird ist **veral-tet, langweilig dargestellt** das hat mich schon auf-geregt (1) das fand ich damals schon unpassend	
7:30	I	(110)	Stört dich denn irgendwas an dem dualen System wie du es jetzt so kennst?	
7:39	P	(111)	Pff ja da müssten wir jetzt in die Tiefe gehen ne? (lacht) (1) also erstmal es gibt gewisse Flexibilitäten andersherum aber ne ganze Menge **Bürokratie** (1) Also äh wir können rausgehen mit den Schülern aber wir kriegen dann regelmäßig von der <u>Schullei-tung</u> äh wieder einen drüber, weil bestimmte Sachen nicht so laufen (1) weil der <u>Stundenplaner so viel zu</u> tun hat und sowas alles (1) weil das für die alle Zusatzaufwand ist (1) Also wir gehen ja mit unseren	K4c

			Landwirten sehr sehr viel mehr raus als andere und die Stundenplaner sind dann immer am Schimpfen, weil die dann wieder für uns irgendwelche Vertretungen suchen müssen (1) und das äh ja sind dann immer wieder so Sachen, wo man von der Schulleitung hin und wieder einen drüber kriegt (1) Wir sollen dann weniger machen, weniger Experten in den Unterricht holen und sowas (1)	
8:27	I	(112)	Aber glaubst du denn persönlich, dass wenn man mit den Schülern raus geht oder Experten hinzuholt, das dann der Rahmenlehrplan weniger sinnvoll gestaltet werden kann oder abgedeckt wird?	
8:38	P	(113)	Nein, der Rahmenlehrplan ist äh damit voll abgedeckt (1) also das ist äh die Erfahrung machen wir schon (1) wir holen ja n' Experten extra darein, damit wir (1) bestimmte Inhalte komprimieren können (1) Für **die wir** sehr sehr lange im Unterricht bräuchten, dass die auch bei den Schülern ankommen. Mit Hilfe eines Experten lässt sich das aufjedenfall beschleunigen weil man das Wissen wirklich auf eine sehr sehr kompakte Art bekommt (1) und zudem äh ne fremde Person äh die dann halt jaa für einen begrenzten Zeitraum in der Klasse ist als Experte (1) äh ist die Wahrnehmung der Schüler auch ganz anders (1) wenn ich den gleichen Vortrag halten würde, wie der Experte äh auch in den 90 Minuten würde weniger hängen bleiben als wenn der Experte da jetzt mit Herzblut hinter steht und die Fragen dann auch so beantworten kann, weil er halt aus der Praxis kommt, weil er halt in die Tiefe auch in das Thema eingestiegen ist	**K4a**

9:30	I	(114)	Mit dieser Argumentation würdet ihr dann beim Schulleiter nicht durchkommen oder bei denjenigen der die Stundenpläne macht?	
9:35	P	(115)	<u>Doch wir kommen damit durch</u>, aber wir müssen jedes Mal wieder **neu argumentieren**, weil es eben äh nicht selbstverständlich ist (1) weil es einfach n' **Zusatzaufwand** ist (1) weil es einfacher ist, wenn ich einfach nur (1) den die Zeit in den Unterricht verbringe und selber den Unterricht mache, komplett <u>alleine ohne rauszugehen ohne Fremde reinzuholen</u>	
9:53	I	(116)	[…] Wie kann deiner Meinung nach man noch mehr auf die Interessen der Schüler eingehen?	
10:18	P	(117)	Im Grunde ist ganz wichtig auch die Schüler da abzuholen, <u>wo sie sind (2)</u> Das heißt dass man in die Betriebe reinfährt und dort Übungen macht (1) das heißt wir fahren bei uns dann in die Betriebe rein und machen Schweine sortieren, Schweine wiegen (1) dass wir solche Übungen in den Betrieben machen. Das wir Praxistage, Übungstage am äh im Pflanzenbau in landwirtschaftlichen Betrieben machen (1) das die Schüler dort abgeholt werden wo sie sind, das heißt das sie mit einer Maschine zu tun haben, die sie <u>kennen</u>, den Stall vom Freund <u>sehen</u> oder von n' Ausbildungskollegen sehen können und dadurch äh ist **das Interesse** auf jeden Fall größer, die sind äh motivierter dann, sich das genauer anzuschauen und äh verknüpfen das dann mit **Vorwissen** im Kopf dann wenn sie dann sehen (1) das ist auch so wenn wir n' <u>Schlachthof besichtigen</u>, die sehen ihre Tiere die dort geschlachtet werden und verbinden dann die Informationen die an dem Tag	**Begründung**

			kommen (1) ganz ist anders, als wenn ich denen nur ein Youtubevideo zeige	
11:22	I	(118)	Wie verknüpft ihr das dann mit der Theorie? […]	
11:27	P	(119)	Äm auf solche Tage wird vorbereitet (1) das heißt wir gehen hin das wenn wir jetzt zum Beispiel Schweine sortieren (1) wird im Vorfeld schon gerechnet äh wir genau besprochen und durchgerechnet was wir erwarten (1) wie viele Schweine wir sortieren würden, nach welchen Kriterien (1) und dann führen wir das in der Praxis live durch (1) Machen das und ähm im Nachhinein wird dann noch mal alles besprochen: haben wir alles richtig gemacht? Wir gehen die Schlachtabrechnung nochmal durch und äh können das dann auch nochmal besprechen (1) und äh so passiert das in allen anderen Bereichen genauso	**Begründung**
12:10	I	(120)	[…] Dann würde ich jetzt noch verstärkt auf die EP eingehen […]: Glaubst du denn das, was ihr jetzt schon in der Schule macht noch stärker in die Berufsschule eingebracht werden könnte, wenn eben nicht die Restriktionen da wären? […]	
12:21	P	(121)	Ja also wir könnten noch mehr machen, also da wäre aufjeden Fall noch was möglich (1) Ähh das ist jetzt natürlich nicht nur Restriktion vom Schulleiter, ja wie gesagt wenn wir wollen können wir einiges machen (1) Das Problem ist natürlich, wir hängen natürlich an unseren **Stundenplan** fest aber wenn man das noch ein bisschen lockern würde in bestimmten Bereichen äh, vielleicht auch in manchen Bereichen, dass man noch **mehr engere Kooperationen** mit Betrieben aus Münster macht (1) Da wäre auf jeden Fall was machbar	**K4b**

12:53	I	(122)	Und wir würdest du das dann bergründen?	
12:55	P	(123)	Äh ich würde (1) man kanns' damit begründen, dass für die Schüler mehr hängen bleibt. Das ist einfach fürs Lernen auch fürs lebenslange Lernen sinnvoll ist (1) weil dieser ganz normale Unterricht der ist gut, die guten Schüler kommen damit auch klar <u>aber ein schwacher Schüler der insgesamt eher leistungsschwächer ist</u>, äh den krieg ich eher wenn er im Grunde Dinge anfassen kann, selbst Dinge machen kann (1) Und die kann ich in der Landwirtschaft immer schwer in der Schule machen (1) Wir haben halt (1) ja für n Gärtner reicht n Agrarlabor aus aus, aber bei uns ich muss halt bestimmte Sachen an ner Kuh machen. Ich muss das Melken einmal an ner Kuh gemacht haben oder ne Beurteilung da muss ich ne echte Kuh für **sehen** (1) Ich kann das mit Youtubevideos oder mit Fotos kann ich eine ganze Menge machen, aber es ist einfach was anderes, wenn ich im Stall stehe und die Kuh steht vor mir.	**Begründung**
13:56	I	(124)	Ja. Du sprachst gerade vom lebenslangen Lernen. Hat das gerade auch Auswirkungen auf die Persönlichkeitsentwicklung ähm langfristig? Deiner Meinung nach..	
14:00	P	(125)	Von meinem Gefühl ja (1) wenn Personen Dinge wahrnehmen und Dinge richtig fest im Gehirn verankern, weil se dazu bestimmte Bewegungen, weil se dazu bestimmte Sachen zu gemacht haben. Da werden se sich lange dran erinnern und das wird auch <u>Einfluss haben auf späteres Verhalten</u>, ganz sicher	

14:27	I	(126)	[...] An welchen Weiterbildungen und Fortbildungen zu Persönlichkeitsentwicklung hast du denn selber teilgenommen?
14:35	P	(127)	<u>Persönlichkeitsentwicklung</u> hm äh ich war damals Stipendiat der Konrad Adenauer Stiftung und hab in dem Zuge (1) äh an ein zwei Seminaren teilgenommen also da ging's jetzt nicht direkt um Persönlichkeitsentwicklung, aber da ging's dann das hieß dann Bewerbungstraining oder sowas aber im Endeffekt waren das solche Sachen, um sich vorzubereiten auf den späteren Einstieg in den Job und sowas (1)
15:00	I	(128)	Konntest du denn das was ihr dort erlebt habt auch auf die Schule dann anwenden? [...]
15:03	P	(129)	Ähm (2) nee das jetzt weniger auf die Schüler. Also auf die Schüler das waren schon mehr Sachen, die ich im Studienseminar dann nachher in der Lehramtsvorbereitung dann bekommen hab das man dort halt (1) was man dort halt gelehrt bekommen und gelernt hat das ist ja im Grund immer man fängt an zu unterrichten und parallel beginnt dann der Unterricht für mich selber (1) äh also Mittwochs hatte ich dann immer das Studienseminar und da wurd' im Grunde immer Fallstudien gesprochen das heißt jeder hat gesprochen was er gerade erlebt hatte äh (1) welche Probleme äh (1) ja mit welchen Problemen er konfrontiert war und man hat dazu dann überlegt wie kann man am besten oder das nächste mal wenn das dann auftritt **wie lös'** ich das dann
16:03	I	(130)	[...] und die Themen, die ihr da bearbeitet habt, sind denn die Themen für die Schüler relevant oder meinst du das müsste dann eher in Stipendien oder Weiterbildungskursen dann übernommen werden?

16:16	P	(131)	Also gut, das ist ja der normale Lebensweg eines Lehrers, den machst du ja, dass man erst das Lehramt komplett studiert und dann geht man in die Schule (1) Bei mir wars halt andersherum äh von daher ist es schwer das anders zu machen, sinnvoll ist es aber erst zu wissen die Pädagogik zu beherrschen und dann in die Schule gehen. Das ist definitiv der bessere Weg und sollte auch immer (2) der optimal' Weg sein. Funktioniert halt nicht immer, weil (1) eventuell machen es zu wenig	
16:41	I	(132)	Wie ist das denn mit der Persönlichkeitsentwicklung? Im Freckenhorst Kurs der ist ja bei euch in der Nähe, da spricht man ja viel über Persönlichkeitsbildung, Stärken und Schwächen, Zeitmanagement, Betriebsführung, Konfliktbewältigung etc. meinst du sowas müsste auch in Schulen mehr gemacht werden, oder hat man da einfach kein Platz für?	
17:12	P	(133)	Puh (2) im aktuellen Lehrplan haben wir da kein Platz für. Wir haben immer Platz für eine 90-minütige Einheit oder um nen' Referenten mal reinzuholen oder n' Experten äh oder son Thema kurz zu bearbeiten das kriegt man hin (1) aber um tiefergehend zu arbeiten, da reicht die Zeit nicht für aus. Ds ist das sehen wir jetzt wir hatten zwei Personen aus dem Kreis Steinfurt die sich selbst umgebracht haben und äh das sind so Schocksituationen wo wir auch überlegen können wir noch mehr machen äh wir sind am Überlegen aber wir können keine größeren Einheiten äh (1) für Präventionen für Suiziden fahren, weil da fehlt die Zeit einfach für (1) Dafür ist die Abschlussprüfung vom Thema einfach her zu viel […]	K4c

18:09	I	(134)	[...] Wie genau meinst du, bist du so weit gekommen, wie du gekommen bist?	
19:24	P	(135)	Mmh, also auf jeden Fall meine Familie (1) und äh das ich Berufsschullehrer geworden bin, das waren grundlegend positive Schulerfahrungen (1) also ich hab es in der Realschule erlebt und da war mein erster Wunsch immer Landwirt zu werden, Agrarwissenschaften zu studieren (1) zweiter Punkt war immer ich könnt mir auch vorstellen Lehrer zu werden (1) So, war immer mit dabei (1) und äh das war in erster Linie Familie, familiäre Prägung, dass ich Richtung Landwirtschaft gegangen bin (1) äh aber das andere war auch die positiven Erfahrungen, die ich in der Schule gesammelt habe, das ich mir auch vorstellen konnte, sowas dann auch zu machen	
19:13	I	(136)	Okey, und wie [...] setzt zu zukünftig deine Ziele in die Tat um, hast du da irgendwelche Strategien, Vorbilder [...]?	
19:14	P	(137)	Puh, berufliche Ziele also bei mir ist jetzt berufliche Ziele, also Karrieremäßig gib es jetzt kein keine große Entwicklung mehr (1) ich bin 40 also das ich noch Schulleiter werde, ist eher gering – da muss man realistisch sein und meine berufliches Ziel ist eher das ich bei uns im Bildungsgang das das läuft, das man die Schüler dazu bringt, dass die einen positiven Abschluss machen und äh das man sieht wie die sich weiterentwickeln (1) also das seh' ich so eher also äh karrieretechnisch kann man da jetzt nicht noch irgendwas arbeiten aber das ich mein Wissen halt einsetze, um den Schülern dann auch wirklich was auf dem Weg zu geben (1)	

Interview 4: TOP-Kurs Teilnehmerin und Marketingleiterin eines Landtechnikunternehmens

Zeit	Spre-chende/r	Notierung	Inhalt	Kate-go-rien
2:20	I	(138)	Dann würde ich dich erstmal bitten, etwas über dich zu erzählen, also einfach wie bislang deine berufliche Karriere war?	
2:26	P	(139)	Mm, ja ähm ich hab' ähm ich war ähm ja erst auf der Realschule, dann bin ich auf's Gymnasium also auf n' beruflichen Gymnasium gegangen, hab mich dann da ähm Richtung Wirtschaft, BWL, VWL spezialisiert, weil mich das interessiert hab. Bin dann danach ähm (1) hab ne Ausbildung zur Bürokauffrau angefangen ähm das hat mir ziemlich Spaß gemacht, äh einfach zu sehen wie organisiert man oder wie kann man sich selbst äh besser organisieren oder ähm halt zusammen mit anderen arbeiten (1) andere auch koordinieren, das hat man zum Beispiel in der Ausbildung äh ganz gut gelernt […] im Betrieb wurden wir da sehr stark gefördert, ähm was auch die <u>eigene Entwicklung anging</u> (2) genau hab dann aber dann nach einem halben Jahr gemerkt, das mir schon <u>die Interaktivität äh oder Aktivität im Job fehlt</u> oder auch der <u>landwirtschaftliche Bezug</u> (1) Hab dann äh also nach n' halben Jahr entschieden, dass ich <u>die Ausbildung verkürze</u> uund bin dann ins Studium gegangen (1) hab dann **Agrarmanagement** studiert und ähm da für mich auch festgestellt, dass ich **nicht der Theoretiker** bin sondern eher **der Praktiker** (1) und hab dann	

			immer gesagt okey ja ich brauch <u>kein Master</u> um das zu erreichen, was ich erreichen möchte, ich bin eher ich sag mal so <u>ein Allrounder</u> und ähm ja hab dann noch Praktika gemacht nach n' Studium und bin dann in ein festen job rein uund hab jetzt auch ziemlich schnell nochmal den Job gewechselt oder wechsle den jetzt zukünftig und das ist eigentlich so mein <u>Ziel gewesen ja wo ich schon sagen kann wo ich hin wollte, ja</u>
4:56	I	(140)	[…] Okey, du hattest ja gerade gesagt, dass du in der Ausbildung gelernt hast zu koordinieren. Inwiefern hattest du denn das Gefühl dazu ausreichend gefördert zu werden? Also warum war das so?
5:20	P	(141)	Also da war das ja eher die betriebliche Ausbildung in der Berufsschule haben wir das **nicht gelernt** was jetzt (1) das war jetzt eher Projektmanagement oder auch ähm (1) also die Ausbilderin hat auch ziemlich stark für die Auszubildenen interessiert und auch sofort konnte die das einordnen welche Stärken oder Schwächen eine Person hat und hat eigentlich versucht auch diese regelrecht zu <u>fördern,</u> ja. Und da war zum Beispiel, also bei mir und zwei anderen hat sie schon gemerkt, dass wir gut mit Menschen können und auch <u>eine Führungskompetenz haben</u> und die hat sie uns ähm schon in der Ausbildung als ähm (1) als junge Person zum Beispiel das war damals muss ich überlegen ähm (1) Projektmanagement […] genau wie hatten ne interne Akademie und da konnte man dann jährlich drei bis vier Weiterbildungen machen

			und wir durften uns dann selber aussuchen, aber sie hat uns auch Empfehlungen gegeben und ja ich war **auch Azubisprecherin** (lacht)	
6:34	I	(142)	Ah das wusste ich nicht, hättest du dir denn gewünscht, dass das was in der berufsschulischen Ausbildung da war, dass das auch in der schulischen Ausbildung da gewesen wär?	
6:49	P	(143)	Also ähm gerad dieses soziale, also das ist ja schon ne Sozialkompetenz oder ne Fähigkeit ähm wenn man gut mit Leuten kann oder ähm gut ähm oder auch gut sag ich mal ne Empathie hat (1) das ist ja auch ne Sozialkompetenz ähm das ähm muss auf jeden Fall denk ich mehr also grad diese […] wie führe ich? Wie spreche ich Konflikte an? Also ich find das ist ganz **wichtig** für die eigene Entwicklung und auch ähm mit der in der Zusammenarbeit mit Menschen ja (1) weil, dass man einfach sicherer (1) mit sich selber wird aber auch mehr zu sich selber irgendwo findet (1) also dieses Selbstbewusstsein also ein Selbstbewusstsein entwickelt für seine <u>Stärken</u>, genau.	**K4a**
8:10	I	(144)	Und meinst du, du brauchst genau das auch in deinem täglichen Beruf? Also ist das, dass was du aus der Ausbildung mitgenommen hast, hauptsächlich?	
8:14	P	(145)	Ja also egal ob ich jetzt Ausbildung oder Studium nehme, das fachliche das ist alles super wichtig und das braucht man auch irgendwo im Leben wieder aber meiner Meinung nach lernt man erstmal im Job oder im äh grad in der Ausbildung, wenn man Verantwortung übernimmt	**K4a**

			ähm sich selber kennen und auch ja wie soll ich sagen? […]	
8:55	I	(146)	Okey […] du hattest ja gesagt, dass eben die betriebliche Ausbildung dir <u>schon</u> gezeigt hast wer bist du das du dort mehr Selbstbewusstsein erlangen konntest, ob du auch genau das in deinem täglichen Beruf brauchst, oder ob das eher fachliche Sachen sind?	
9:11	P	(147)	Achso nee, also in meinen Beruf brauch ich zu 80% Sozialkompetenz und auch ähm ja wie soll ich sagen äh in meinem (1) zu 80% brauch ich die Sozialkompetenz und diese Kernkompetenz führen, koordinieren, leiten, Konflikte lösen, Konflikt ansprechen (1) und das sind Sachen, die lernt man nicht im Studium, die lernt man (1) wie gesagt wenn man Weiterbildungen macht oder eben wenn man im täglichen Leben mit anderen Menschen zu tun hat und man merkt auch selber, wie wirk' ich auf andere oder wie wirken die au<u>f mich</u> (1) und da ist es ganz wichtig, diese direkte Sozialkompetenz zu haben (1) Wenn man merkt, das merk ich immer wieder auch wenn man **missverstanden** wird, also das man das äh nicht einfach also nicht unterm Tisch fallen lässt sondern die Dinge anspricht und versucht zu klären (1) sonst entstehen Missverständnisse, auch <u>wie</u> man etwas erklärt **mit Geduld** also da muss ich jetzt auf unser tolles DISG und Reis-Profil hinweisen also mit verschiedenen Charakteren auch um zu gehen, das lernst du nicht ähm dir ist manchmal gar nicht so bewusst, dass es diese <u>verschiedenen Charaktere</u> gibt (1) aber	**Begründungen**

			wenn man auf sowas direkt hingewiesen wird und auch wirklich auch lernt damit umzugehen und auch im TOP Kurs haben wir jetzt auch gelernt, also wir, waren ja neun Wochen zusammen, und mit diesen unterschiedlichen Charakteren umzugehen das ist also daraus lernt **man viel** mehr für Berufsleben als in jedem BWL Unterricht oder VWL Unterricht	
11:02	I	(148)	[...] Was hat dich in diesem Zug genau gestört? [...]	
11:39	P	(149)	[...] Also das es in der Berufsschule so starrer Unterricht war und ähm ja so Frontalunterricht (1) also es war bei uns wurde kaum etwas <u>interaktiv</u> was gemacht oder **Exkursionen** oder ähm wie soll ich sagen, sag ich mal Angebote viele Betriebe oder ich weiß bei unseren <u>Industriekaufleuten</u> war es so das die auch die Möglichkeit hatten nochmal ähm in den Außenbetrieb zu gehen also in eine andere Geschäftsstelle in International ähm und sowas fänd' ich halt auch cool, weil wenn du mal zurück äh wenn du mal rauskommst über deine **Komfortzone** hinausgehst, lernst du dich auch nochmal <u>anders kennen</u> und ja wir waren da 18, 19 und du lernst halt für's <u>Leben</u> wenn du auch mal auf eigenen Beinen stehst und eine betriebliche Ausbildung also ist ja überbetrieblich wenn du auch mal in anderen Betrieben reinschaust [...] weil du hast ja dann nicht nur ähm die andere Umgebung [...] sondern auch diese Sprachfähigkeit die du da dann auch nochmal hinzu lernst [...]	**Begründungen**

13:19	I	(150)	[...] Was hat dich denn im TOP Kurs in der Umgebung geprägt und was genau unterscheidet das eben von den Prägungen in der Schule?	
13:24	P	(151)	Also geprägt hat mich ähm ganz **stark diese Selbstreflektion**, weil man ist sich seinen Stärken und Schwächen schon teilweise bewusst aber ähm oft fehlt einem einfach das <u>Handwerkszeug</u> grad diese Schwächen zu Stärken zu machen oder mit den Schwächen lernen <u>umzugehen</u> und andersherum ist es auch mit den Stärken und da muss ich selber sagen war es einfach im TOP Kurs durch diese kontinuierliche <u>Selbstreflexion und durch die Reflexion zu anderen</u> wie kommen manche Sachen an oder wie kommt man **selber** als Mensch an (1) oft ist es einem ja gar nicht so bewusst (1) und da hat es mir zum Beispiel einfach **stark geholfen** [...] weil ich halt auch ein Mensch bin der sehr vielseitig ist, manchmal auch emotional aber auch sehr <u>sensibel</u> ähm das man einfach auch mal von anderen Leuten oder auch von den Trainern gesagt bekommt, dass man gerade für diese Fähigkeit auch geschätzt wird. Das man auch mal aufbrausen sein kann, aber man da <u>schon aufpassen muss,</u> wie wirk' ich auf andere also wie <u>nehmen die mich wahr</u>, das ist **ganz wichtig**, weil man trifft sich immer wieder <u>im Leben</u> und das ist ja <u>sehr wichtig sich da im Zaun</u> zu halten oder dieses Lernfeld aktiv selbst zu reflektieren (lacht) [...]	Be-grün-dung
15:20		(152)	[...] Inwiefern handelst du denn jetzt anders? Eben dadurch das du deine Lernfelder kennst?	

15:25		(153)	Mmh, also ähm man äh erwischt sich ja immer wieder also ich sag mal im Job kann man diese Lernfelder <u>besser</u> lernen wie wenn man jetzt zum Beispiel <u>eine Familie hat </u>weil da spielt <u>die Emotionalität</u> zum Beispiel eine große Rolle und ähm ja also man erwischt sich eigentlich […] zum Beispiel wenn man jetzt ma' von nem Konflikt ausgeht zum Beispiel mit dem Chef, das man erstmal raus aus der Situation geht, <u>erstmal runterkommt, nachdenkt</u> und sich die Zeit auch nimmt nachzudenken und auch **gewählt Worte** zu verfassen und **nicht in der Ausbrausenden Situationen** direkt zu antworten (1) und manchmal ist es besser nochmal ne Nacht drüber zu schlafen und dann den Konflikt nochmal ansprechen. <u>Ist schwierig aber ähm (1) schlauer </u>(lacht) Sobald es halt emotional ist, grad wenn man diese Lernfelder diese Stärken und Schwächen kennt, kann man sich jetzt **bewusster** machen, wie man darauf reagiert […] und damit einfach besser umgeht, weil man so ne' Werkzeugkiste hat	**K3**
17:25	I	(154)	Glaubst du denn ob diese also, dass diese Angebote auch in den Schulen übertragen werden könnten […]	
18.03	P	(155)	Also ich sag mal in der Schule ist das immer so dass das ne feste Gruppe ist und die <u>Leute kennt man ja auch untereinander </u>und es ist eine gewisse Vertrauensbasis geschaffen und es ist glaub <u>ich schon</u> ähm das es ähm in der Schule **auch gut angenommen wird** nur […] es ist wichtig das <u>es erlebnisreich dargestellt wird,</u> <u>denn</u> ich glaube mit sechszehn oder achtzehn	**K4a,** **K4b**

			gerade in den Berufsschulen ist es vielen noch nicht so bewusst wie <u>wichtig diese Kompeten-zen</u> sind äh da sind die einfach noch nicht ich will jetzt nicht sagen, noch nicht reif genug [...] also ich hätte auch nicht so den Mehrwert darin gesehen, glaub ich, aber ich denke dass das <u>sehr sehr wichtig ist</u>, also das man in den Berufs-schulen spätestens in den Berufsschulen anbie-ten sollte und vielleicht auch so eine <u>Themen-woche</u> vielleicht anbieten sollte [...] Weil ich glaub es ist schon wichtig, dass man das meh-rere Tage verfolgt und das dann nicht an Attrak-tivität verliert wenn man das jetzt zum Beispiel als Unterrichtsfach macht	
20:00	I	(156)	[...] Ich würde nochmal kurz zu deiner Ent-wicklung zurück gehen, nämlich inwiefern du die bis jetzt bewerten würdest?	
20:03	P	(157)	Also ich glaube bis jetzt würde ich <u>jeden Schritt genauso</u> wieder gehen ähm grad von der Real-schule zum Gymnasium hab ich sehr gemerkt, wenn man etwas will, weil zur Realschule hab ich immer gedacht ich lern für meine Eltern und irgendwann hab ich dann gemerkt, dass ich das für mich selber tue und ab <u>diesen Moment</u> hat sich auch in meinen Kopf oder in meiner Lernweise vieles geändert, weil ich wusste das ich das für mich selber mache (1) und es ist auch immer wichtig, dass man von den Eltern irgendwo Freiheit bekommt was man machen würde [...] ich würde <u>immer empfehlen vor dem Studium eine Ausbildung zu machen</u>, weil man hier einfach schon in die Arbeitswelt ir-gendwo reinschauen kann und weiß was ihm	

			nach dem Studium ähm auf einen zukommt und man hat auch einfach <u>sicher</u> was in der Tasche ähm und Praxiserfahrungen und das ist glaub ich <u>sehr sehr wichtig</u>, weil ich glaube das wir ein **Problem mit Fachkräften** bekommen oder auch mit Handwerkernberufen, weil viele einfach nicht mehr wissen, richtig zu arbeiten und da würd ich immer vorm Studium ne Arbeit ne Ausbildung ans Herz legen [...] und man **muss** nicht den höchsten Grad an Master oder Doktor haben wenn man das erreichen will, was man will weil wenn man was will, dann findet man einen Weg und den verfolgt man dann auch
23:45	I	(158)	[...] Wie willst du persönlich dastehen und wo willst du persönlich sein?
23:52	P	(159)	Also wie will ich persönlich darstehen das ist ne gute Frage (2) ähm auf welchen Bezug? (lacht)
24:12	I	(160)	Ja du weißt ja jetzt welche Stärken und Schwächen du hast, meinst du, du wirst da jetzt nichts mehr dran ändern oder hast du noch immer irgendwelche Zielvorstellungen? [...]
25:12	P	(161)	Als ich glaube man lernt nie aus und ich glaube man lernt in jeglichen Situationen [...] noch mehr über sich selber oder wächst auch über sich hinaus und ähm (1) ja persönlich würd' ich jetzt mal sagen steh ich aktuell **ziemlich zufrieden** [...] mit meinen äh beruflichen Werdegang und ähm ich freu mich also ich wird jetzt eine neue Herausforderung beginnen, in einem Bereich der mir **sehr Spaß** macht in der ich aber keine Ausbildung habe ähm ich scheue dem aber nicht weil ich meine persönlichen Stärken

| | | | kennen und ich glaube auch das diese auch in diesem Beruf einfach wichtiger sind als das fachliche Know-How [...] Langfristig sehe ich mich als Führungskraft und das ist jetzt noch so mein Ziel ja und ich denke, dass ich das auf jeden Fall in den nächsten Jahren erreichen werde | |

Interview 5: Persönlichkeitstrainer und Erlebnispädagoge

Zeit	Spre-chende/r	Notierung	Inhalt	Kate-gorie
0:02	I	(162)	Okey, also als erstes würde ich dich fragen, ob du mir etwas über dich als Person und über deine Arbeit erzählst, also wie du dazu gekommen bist.	
0:22	P	(163)	Okey, ja das kann jetzt natürlich die 20 Minuten füllen (lacht) ähm aber das mach ich natürlich net. Ja also erst einmal ich bin Uli Ernst, ich bin aus Utting am Ammersee (1) bin erstmal <u>Bauer,</u> hab Landwirtschaft gelernt, Landwirtschaft studiert dann auch ähm und ja sagen wa'so ganz grundsätzlich, in des (1) Dezententun bin ich dann geraten über den Grundkurs der bayerischen Landwirtschaft ähm wo ich dann auch das Stipendium bekommen hab' für den TOP Kurs der deutschen Landwirtschaft den ich dann als Teilnehmer damals mitgemacht hab' und ähm war damals <u>sehr begeistert</u> noch von **Gerd Lohmöller** noch am <u>aller meisten</u> den ich auch einer meiner Meiser oder den Meister betrachte und ähm bin dessen wichtigstes Trainingserfindung war eben das	

BUS Unternehmer Training (1) dafür wurden dann (2) drei Jahr nachdem ich im TOP Kurs war neue Trainer gesucht (1) weil es angefangen hat **zu boomen**, gerade auch in Österreich und äh dann gab's ein <u>Auswahlverfahren</u> und eine Trainerausbildung (1) das hab ich damals mitgemacht 1999 (1) seit dem bin ich als Dozent aktiv, erstmal <u>freiberuflich</u> (1) aber ich hab die Andreas Hermes Akademie als einen 80% Partner (1) und die restlichen 20% teilen sich in 10 % Haus der bayerischen Landwirtschaft und dann einfach noch in 10 % <u>Querbeet</u> zum Beispiel die PT-Akademie in Stuttgart (1) in der mach ich auch in der Trainerausbildung einen Part unter <u>anderen</u> zu dem Themen (1) [...] **Outdoor-Elemente** zur Bereicherung von **Indoor-Seminaren** (1) also da sind wir auch schon beim Thema. Genau, heut bin ich Mitglied im <u>Koratorium</u> der Andreas Hermes Akademie und mach da etwa 60 Seminartage, davon 3 Einsätze in der Entwicklungsarbeit in <u>Afrika</u> ähm überwiegend in Äthiopien aber auch in Sierra Loene, Uganda, Süd Afrika (1) und ähm in Zukunft wahrscheinlich auch weitere, vor allem im südlichen Kontinent dann in Zukunft (1) [...] Ich bin verheiratet hab' eine Frau, zwei Jungs, wir sind hier am Ammersee nach wie vor als landwirtschaftlicher Betrieb <u>aktiv</u>, der **sehr diversifiziert ist** (1) eben auch mit ein Standbein in den Sonderkulturen [...] im Freizeitgewerbe, das ist eben das <u>Labyrinth</u> wo wir uns eben auch mit **Outdoor-Aktivitäten** jedes Jahr neu erfinden (1) ähm beim Labyrinth ist jedes Mal

			die Herausforderung das ganz neu zu machen, wir sind jetzt letztes Jahr <u>im einundzwanzigsten Labyrinth</u> (1) da haben wir wieder Besucherrekord gemacht (1) was mal wieder für unsere **Innovation** spricht ähm (1) also man könnt auch sagen wir arbeiten da ganz viel (1) aber was das Labyrinth erfolgreich macht, ist die **Kreativität** (1) und dies ist auch günstig für Outdoortrainings [...] das zwei Standbein im Freizeitgewerbe ist eben der Hochseilgarten (1) wo wir neben dem <u>Abenteuerbereich</u> auch ein <u>Teambereich</u> haben äh der speziell dafür geschaffen ist das wir über Sportmannschaften, natürlich auch Schulklassen aber dann auch wieder über Firmentrainings bis hin zum DAX Unternehmen deren Aufsichtsrat oder Vorstand auch schon bei uns Teamtraining gemacht hat [...] Vielleicht noch ganz kurz zum Sport, weil's vielleicht auch damit zusammenhängt ähm (2) mein größtes und wichtigstes Hobby ist eben das <u>Kunstturnen</u> ich habe ganz lange und <u>intensiv geturnt</u> ähm führ heute immer noch ein Team Oberbayern in der zweiten Bundesliga als Coach und äh Betreuer und in dem Team hab ich auch ssehr lange geturnt (2) 24 Jahre und davon eben 16 Jahre ja was wir heute Bundesligabereich nennen (1) [...]
4:49	I	(164)	Als beschäftigst du dich schon dein ganzes Leben lang mit der Weiterentwicklung von Jugendlichen. Meine Frage ist jetzt, inwiefern sich denn deine Ausbildung bzw. deine

			Schullaufbahn persönlich, fachlich und auch sozial geprägt hat?	
4:59	P	(165)	Ja also jetzt fühlt es sich für dich natürlich so an (1) (lacht) aber für mich sind 20 Jahre natürlich noch lange nicht mein ganzes Leben (1) also tatsächlich sagen wa mal bis ist 23 war konnte ich mir das war das nicht mein Thema (1) also da hab ich mich für Landwirtschaft interessiert und das zweite ist das Turnen und danach kam erstmal nichts mehr (1) nur noch für Mädchen (1) aber äh so das ich mal Dozent werden würde (1) also das hab ich damals an der Andreas Hermes Akademie damals erfahren (1) das ich das super cool fand (1) also wie ich da auch gerührt wurde, von Gerd Lohnmöller (1) wie er ein stück weit auch mein Leben verändert hat (1) also das fand ich schon cool und das find ich schon super spannend auch heute den Part gestalten zu dürfen und auch eine andere Generationen zu berühren und deren Leben vielleicht mit positiven Impulsen zu bereichern (1) [...] aber jetzt zurück zu deiner Frage (1) ganz normal Landwirtschaftliche Ausbildung, Landwirtschaft von der Pieke auf [...] wo ich auch das einzige mal in meinem Leben auch die Rolle eines Arbeitnehmers erlebt hab äh das find ich sehr wichtig, das ich da auch mal Arbeitnehmer war und auch unter den 64 Mitarbeitern dieses Staatsgutes auch als Lehrling in der Landwirtschaft so ungefähr in der Hierarchie ganz weit untern (1) und schon da war ich immer selbstständig und ich fand das ein ganz wichtiges **Erlebnis** und ich sag' mal wenn ich diese Zeit der	K1 K4a

			Dozententätigkeit betrachte (1) ich hab begonnen mit einer soliden Trainerausbildung, wie ich es auch heute jeden Trainer erstmal empfehlen würde (1) meine war damals an der Andreas Hermes Akademie (1) wo ich auch heute als Trainer eben dann mit aktiv bin und seit dem versuch ich jedes Jahr 14 Tage in Fortbildung zu investieren und das gab ich auch geschafft (1) im Schnitt. Also manchmal sogar mehr […] das waren zum Teil auch richtig teuere Sachen, zum Teil mehrere 1000€ am Tag und zum Teil auch sehr verrückte Sachen, wie Bildhauercamp in Karara was auch ein Stück weit dazu kam, das ich auch das Thema Kreativität in der Andreas Hermes Akademie als Trainer besetze (1) also der BUS Kurs Kreativität dabei ist von mir konzipiert (1) und ähm genau sehr breit gefächert (1) und das ist eben ein Stück weit mein Studium und auch das Bildung nie aufhört sondern das es immer ein laufender Prozess ist (1) […] ich finde gerade für die **Teamimpulse** sind Outdoorelemente besonders geeignet (1)
8:39	I	(166)	Okey, also der TOP Kurs und der Herrschinger Grundkurs das waren so deine ersten Erfahrungen mit diesen Bereichen. Was waren denn deine größten Herausforderungen in dieser Zeit?
8:44	P	(167)	Ja, also erst einmal die ersten Herausforderungen für diese langen Kurse […] Ich hab ja genau so wie du diese beiden langen Kurse gemacht (1) und da ist die erste Herausforderung (lacht) vielleicht musst du jetzt schmunzeln

(1) (lacht) äh die Eltern davon zu überzeugen, dass das wichtig und gut und gut investigiert ist da zwei Mal für drei Monate den Betrieb zu verlassen (1) und wie das so bei mir und bei vielen auch so ist (1) […] ist das ganz klassisch gelaufen, dass die Eltern dann auch mit dem Sohn den Betrieb machen und das hat sich bei uns auch später erst komplett geändert wie die Landwirtschaft, gerade die Milchviehaltung in Oberbayern ähm einfach auch in die **Krise** geraten ist (1) weil sie eben mit so taffen Betrieben in Norddeutschland auch auf den großen Markt schwer mithalten konnten (1) und wie dann einfach auch klar war also mein Papa der hatte auch (1) also wie ich mit 27 war dann auch betrieblich gestalten wollte, da hatte mein Papa auch immer noch 16 Jahre bis zum Rentenalter weil sie einfach sehr jung äh die Jungs zur Welt gebracht haben (1) und die dann auch motiviert haben den Beruf zu erlernen und in den eigenen Betrieb einzusteigen (1) und äh ich sag mal die Lage unseres Betriebs da spiele einfach auch sehr klar, dass es nicht für zwei Familien reicht deswegen musste ich meinen eigenen Weg gehen (1) aber erst Mal lief das natürlich alles auf Schienen ähm […] da musste ich schon auch erst Mal überzeugen (1) aber da bin ich meinen Eltern schon sehr sehr dankbar (1) ähm also wie zum Beispiel Landwirtschaft studieren wollte (1) da hat meine Mama dann auch erstmal geheult (lacht) und mein Papa hat gesagt an Bildung wollen wir nicht sparen und das war schon ein **sehr positives Signal** und äh das hat

			sich bei meinen Eltern auch schon so gut durchgezogen (1) und äh ja das die im Rahmen nicht mal groß motiviert haben aber zumindest den Rücken **frei gehalten** haben [...]	
11:26	I	(168)	[...] Mich würde interessieren, wie du argumentiert hast, dass eben Persönlichkeitsbildung, gerade in den jungen Jahren super wichtig ist, welche Argumente hast du gebracht, damit du die langen Kurse und deinen Bildungsweg so gehen kannst?	
11:52	P	(169)	Ja, also wie gesagt bei meinen Eltern war das dann relativ früh sehr einfach (1) ich weiß das ich nach dem Grundkurs direkt im Jahr drauf als ich dann **drei Monate** nach <u>Bonn</u> wollte (1) dann waren das damals <u>sehr schwer</u> erkämpfte Plätze in Bayern und ähm zum Glück ist heute wieder so, da bin ich auch froh drum (1) und da war es natürlich auch eine <u>Chance</u>. Das ist ein <u>verdientes</u> großes Angebot vom Direktor damals noch <u>Wulf Treiber</u> da bin ich so bei meinen zweiten großen **Meister,** den ich so formulieren würde und dann wollte ich das unbedingt machen und dann haben die das auch eingesehen (1) aber ich kann dir erzählen, wie ich <u>heute</u> natürlich junge Leute dazu motiviere [...] wir können festhalten, das etwa <u>ein Drittel</u> der landwirtschaftlichen Studierenden, Schüler <u>nach</u> der fachlichen Ausbildung von der <u>Fortbildung komplett verabschieden</u> die machen da n' Hacken dran, verschwinden auf ihren Bauernhof und sind in der Fortbildungsszene nicht mehr sichtbar (1) <u>ein Drittel</u> kann man ungefähr sagen [...] die sind nur noch	**K3** **K2**

über **Fachtagungen** zu erreichen, also wenn die ein Milchviehbetrieb haben, dann gehen die natürlich zu Milchviehtagungen und nur ein Drittel hat so ein so offenen Bereich so einen offenen Kanal neben den ganzen fachlichen Themen sich auch mit Persönlichkeitsentwicklung und Persönlichkeitsbildung zu beschäftigen und davon gibt es einen kleineren Teil die sind da eher süchtig und die findet man jedes Jahr in den Seminaren (1) ähm und ähm den **Bereich größer** zu machen halte ich schon für großes Potenzial in dem Sinne, das wir viel **verschenken** (1) das man einfach zwei drittel nach der Schulzeit wo natürlich auch die Fachlichkeit im Vordergrund steht nicht mehr für Persönlichkeitsbildung erreicht […] und ähm Gerd Sonnleitner, den ich ja auch sehr schätze, mit aller Mega Herausforderungen die sein langes Amt mit sich gebracht hat […] aber Sonnleitner hat mal gesagt so: Die wichtigste Investition in den Betrieb, ist die Bildung in den Betriebsleiter. Das fand ich sehr schön, weil er es in seiner Position gesagt hat. Der war übrigens auch im Grundkurs […] Also wenn ich zurück blicke, ich hab zum Beispiel auch als Teilnehmer den BUS Kurs komplett mitgemacht ähm und lebe den natürlich auch (1) bin dadurch natürlich auch kompetenter Dozent geworden in den Kurs (1) aber ganz für mich betrieblich überleg ich einfach was wär wenn ich was wär aus den ich sag jetzt einfach mal 3000€ geworden, ich hab 24 BUS Kurse mitgemacht, was wäre aus diesen 3000€ geworden, wenn ich diese 1999

			2000 in 3000€ mehr Dünger [...] oder wo hätte ich die investieren können um annähernd so einen **Invest** in Bildung zu haben also das hat meine betrieblichen Weg komplett geändert und auch gestaltet und deswegen wollte ich darauf auf keinen Fall verzichten	
16:15	I	(170)	Glaubst du denn, dass diese drei Dritteln an Orientierung, die die Betriebsleiter vornehmen, glaubst du die Persönlichkeitsbildung müsste standardisiert werden? Also für alle ähm Betriebsleiter oder angehende Betriebsleiter ja gleich sein also, dass man das in den Schulen einbindet oder soll das immer noch die freie Entscheidung bleiben?	
16:41	P	(171)	Ja, also da schlagen zwei Herzen in meiner Brust und ähm ich glaube wir sollten son' Stück weit beides tun (1) also auf der einen Seite seh' ich natürlich, dass da einfach nicht jeder gleich viel Talent und Zugang zu hat (1) und da gibs einfach welche die haben wenig Zugang und wenig Talent dafür an sich zuarbeiten, sich selbst zu reflektieren ähm auf der anderen Seite sehe ich natürlich ganz viele jungen Menschen nach der Fachschule verlieren und die kriegen wir auch nicht mehr zurück (1) und deswegen glaube ich schon, dass es Sinn macht, das man diesen **Bazillus** der Persönlichkeitsentwicklung (1) auch n' Stück weit in den Pflichtschulen zu zu sehen und zu pflanzen, damit dann später **die Chance** dass man **offene Kanäle** und offene Sinne ähm findet, größer ist (1)	**K4b**

17:49	I	(172)	Und wenn man nochmal deine Kreativität und die sportlichen Aktivitäten anspricht, meinst du auch sowas könnten Ansätze in der Schule sein? [...] Also auch gerade, wenn du an deine Ausbildung zurückdenkst?	
18:02	P	(173)	Ja also da war das <u>völlig utopisch</u>. Ja in meiner Ausbildung ja da gab's mal ich hab nen' Teil meines Studiums an ner' Fachakademie gemacht und da gab's n' <u>Sporttag</u> und n' <u>Skitag</u> und ähm das waren auch in meiner Schulzeit, <u>Bundesjugendspiele</u> das war natürlich der größte Feiertag eines Sportlers (1) im Schulalltag ähm und das halt ich absolut für sinnvoll ähm aus dem Grund zum Beispiel (1) also ich will mal zwei Gründe anführen. Also ein Grund ist, dass es immer für Teams und Mannschaften und eine Schulklasse ist auch nichts anderes als ein Team und eine Mannschaft und eine Gruppe ähm und das Lernverhalten du auf die schulische Entwicklung hat **dieses Team** natürlich einen extremen Einfluss (1) ähm ich würd sagen, das kommt nach <u>den Lehrer</u> schon sehr sehr weit, natürlich auch <u>die Eltern</u> (1) und für alle Teams und jetzt mach ich einfach mal die Brücke zu nem Handwerker, da ist es so das <u>natürlich</u> arbeiten wir da **pädagogis**ch aber wenn wir uns nur mal vorstellen, das würde alles nichts bringen (1) dann ist es allein dadurch ein **Nutzen**, wenn sich diese Mannschaft auch in einem ganz anderen Feld ähm mal wieder trifft, wo die bisherigen Hierarchien und die bisherigen Rollen einfach verlassen werden und diese sich ganz anders treffen (1) und auf einmal der Hausmeister	K4a K4b K4a

geschickt ist während des stellvertretende Geschäftsführer eben sich auf einmal furchtbar anstellt ähm und die sich da einfach anders begegnen können und des alleine ähm hat positive Impulse weshalb sich das **immer lohnt** (1) Selbst wenn **alle Pädagogik**, die je nach Trainer mal mehr mal weniger geschickt und gut begleitet wird, selbst wenn das alles nicht bringt (1) dann bin ich sicher, das dieser Impuls und diese Rollentausche dass das wertvoll ist für Gruppen (1) jetzt kommt's <u>natürlich</u> drauf an: auf die **Dosis** (lacht) also selbst wenn ich so in Trainerausbildung bin, dann sag ich bei <u>klassischen</u> Seminaren, kein Zwei-Tages-Seminar <u>bei mir</u> ohne einen kurzen Teamimpuls <u>also bei Tagen</u> da sag ich schon da lohnt sich der Invest bei <u>zwanzig Minuten</u> Teamimpuls das einfach Eis gebrochen wird, die lockerer werden, die sich äh weniger Vorbehalt haben, sich aus den Fenster zu lehnen das es den leichter fällt sich zu **blamieren** und auch mal was zu **riskieren** (1) dann wird das offener und es lohnt sich schon ein halb stündiger Impuls (1) bei mir **kein** Tagesseminar **ohne** das ich irgendeine Auflockerungsübung mach aber eben es ist eine <u>Frage der Dosis</u> (1) hab ich Teilnehmer für einen Tag und vielleicht ist es ein hochwertiges Seminar wo die auch richtig Geld dafür hinlegen (1) dann hinterfragen die natürlich wenn alle zwei Stunden ne halbe Stunde in ein Teamimpuls gesetzt wird ähm pf also das kann zu <u>Widerständen</u> führen also dann sagen die ich sag jetzt mal den halben Tag haben wir Ringelpietz gemacht ähm es sei denn jemand ist ein wirklich versierter Trainer und er schafft es im Outdoor oder im Indoorbereich, dass er die mit <u>fachlichen Themen</u> **verknüpft** (1) also ich kann dazu ein Beispiel machen (1) die meisten Seminare beschreiben sich als <u>systemische</u> Seminare, also viele nicht alle Seminare haben sich diesen Namen verdient, aber zum Beispiel die Trainerausbildung der Andreas Hermes Akademie ist systemisch und sehr begriffssystemisch (1) Ja die kann ich jetzt natürlich theoretisch trocken <u>erklären</u> ich kann dazu aber auch eine Übung **machen** in der sich jeder zwei Partner sucht und die dann versuchen sich in drei <u>gleichgroße</u> Dreiecke zu stellen (1) ich weiß nicht ob du dich daran erinnerst? Und dann erleben sie das Thema Systemik (1) und das ist immer ein **Mehrgewinn**, also ich kann etwas vormachen und dann ist es natürlich <u>wertvoll</u> wenn ich die Theorie dahinter erklär, was der **Hintergrund** ist (1) aber es wird auf alle Fälle noch mal wertvoller wenn die das **praktisch erleben** (1) Also der Teil der **hängen bleibt**, da gibt es ja auch schöne Studien, wie viel <u>behalten wir</u>, was <u>bleibt hängen,</u> wie tief steigen wir da ein (1) ähm und da ist es ein großer Unterschied ob uns der Gedanke einfach vorgesprochen wird, ob wir den noch aufschreiben, ob wir den vielleicht noch <u>bildlich</u> gestalten (1) das steigert die Sache und wenn wir's dann auch <u>noch erleben (</u>1) sei es durch ein Rollenspiele oder wie auch immer dann wird es auf alle Fälle deutlich deutlich höher, also das heißt dann bis zu 90 % bleibt dann verinnerlicht,

			während es bei den erstmalig durch den Kopf gehen nur 10 % hängen bleiben können. Also dazu findest du auch Literatur wie viel bleibt <u>hängen</u> und der Wert steigt **extrem**, wenn wir das <u>praktisch erleben</u> (1) das sind auch wiederrum Chancen von solchen Impulsen.
24:00	I	(174)	Hättest du dir denn gewünscht, dass die Lehrer an deiner Schule ja so kleine Einheiten mit in den Unterricht einplanen?
24:06	P	(175)	**Absolut,** also ich war natürlich auch ein quierliches Schulkind und da war natürlich jede Form von aufstehen am Platz und äh verändern der der also ich hab' noch ganz klassisch noch 99% im Plenum gelernt. Das ist heute ein großer <u>Gewinn</u> für uns Trainer, also ich sag mal allein durch die richtige **Methodik** und durch ne' gute **Didaktik** an ein Seminar ranzugehen (1) das ist die halbe <u>Miete</u> (1) und natürlich in den ersten 10 Jahren in meiner Tätigkeit, da hatte ich ausschließlich Teilnehmer, die das in der Form alles zum <u>ersten Mal</u> erlebt haben (1) also für die war es mit mir oder mit anderen Trainern die in dem Stil gearbeitet haben, komplett weg vom Plenum eben hin zu Gruppenarbeiten, Partnerarbeiten, Indoor und Outdoor, dann natürlich mal wieder im Indoor Frontalunterricht aber das immer schön gemischt in <u>guten Dosen</u>, das war für die völlig neu […] das heißt die nächste Generation die uns begegnet, die haben das je nach Lehrer auch schon in der Schule erlebt (1) und für die ist der Moment des ersten Erlebnisses nicht

			mehr ganz so erfrischend, weil sie es schon kennen.	
29:39	I	(176)	[...] Was waren neben Dr. Gerd Lohnmöller noch ausschlaggebende Prägungen?	
32:20	P	(177)	Ich muss ja noch dazu sagen den Großteil meiner Dozententätigkeit verbringe ich ja im Indoor, die natürlich immer mit Outdoor graniert sind (1) Dr. Gerd Lohmöller der hat mich natürlich vor allem in seinen unternehmerischen Ansatz geprägt also er war erstmal nur Volkswirt, er war aber auch Künstler, er hat also auch ein Teil seines Geldes mit Kunst verdient [...] und daran sehen wir ja auch seine Vielseitigkeit, das hab ich schon sicher auch als Inspirierung von ihn mitgenommen (2) ähm ich bin natürlich auch durch das Labyrinth komplett im Outdoor Bereich gelandet. Unser Labyrinth lebt davon, dass wir jedes Jahr ein ganz neues Motto haben, dieses Jahr geht es um Ludwig van Beethoven 250 Jahre das war auch im Bonner Express auf ner' ganzen Seite ähm und da geht's natürlich im 21 Jahr der Verehrungseffekt den würde kein Münchener an den Ammersee locken. Sondern wir müssen **so aufwendige** Rollenspiele drin haben ähm wo Teilnehmer zusammenspielen, in Rollen unterwegs sind, Aufgaben lösen ähm mit Stempeln nachweisen wo sie über all waren (1) und das wir jedes Jahr neu erfunden und äh das ist natürlich **Pädagogik, Outdoorpädagogik Pur.** Wir haben auch schon viele Landkarten gemacht (1) also wir hatten Erdkunde Lehrer die in unserem Europalabyrinth oder in	

unserer Deutschlandkarte oder in unserer Bayernkarte (1) und die immer gesagt haben das ist der anschaulichste Erdkundeunterricht den sie in ihrer Schulzeit überhaupt den Kindern bieten konnten (1) äh weil man in <u>Deutschland</u> einfach auf <u>2 ha</u> erleben konnte. Die <u>Maßstäbe</u> von Köln nach München hat man einfach **erlebt** [...] in aufwändigen Rollenspielen über <u>Berge</u> und Schlösser, Flüsse und Seen und ähm alles was es ausmacht (1) und vom vom Labyrinth haben wir uns dann weiterentwickelt zum <u>Hochseilgarten</u> (1) unser Hochseilgarten ist ja ein Outdoorelement an sich (1) wobei unser Hochseilgarten eben auszeichnet das er neben den Abenteuerbereich auch den Teambereich hat (1) und da sind wir sehr sehr stark, ich hab jetzt zum Beispiel gerade ein Trainer, der auch selber als Trainer arbeitet, der meine Trainer sehr gerne mitnehmen würde, in andere Hochseilgärten (1) also wenn er in Stuttgart ist, dann hat er dort auch seinen Hochseilgarten aber er hat nicht meine Trainer die von mir ausgebildet sind und die **Teams** <u>begleiten</u> und <u>betreuen</u> also das schätze ich schon, da haben wir ein sehr gutes Standing also der Postaufsichtsrad der war bei uns, wie wir auch eine Menge an <u>Sportmannschaften</u> haben, wir hatten aber auch schon Bayern München Basketball, erste Bundesliga oder eine Nationalmannschaft, die vorher mit mir im Hochseilgarten Teamtraining gemacht hat (1) [...]

34:45	I	(178)	Was ist denn so der größte Vorteil, wenn man erlebnispädagogische Einheiten anbieten würde?	
35:28	P	(179)	Ja also wir sollten auch die Nachteile nicht vergessen, die gibt es auch [...] also der aller größte <u>Vorteil</u> den seh' ich wirklich im **Erleben** [...] Also wie viel bleibt bei uns einfach hängen da ist ein riesen Sprung zwischen dem was wir hören, dem was wir vielleicht auch leben hin zu dem was wir erleben (1) also das **Erlebnis** ist was einfach <u>viel tiefer</u> in uns verankert, als etwas zu lernen, zu lesen oder auch zu hören, das halt ich für den <u>größten Vorteil.</u> [...] <u>Nachteile</u> da denkt ich einmal dran das wir eine höhere Verantwortung haben gegenüber unseren Teilnehmern. Also ich sag mal zum Beispiel <u>Verletzungsrisiko</u> ist natürlich in der Vorlesung sitzend bei weitem niedriger als wenn wir ähm einfach raus gehen in den **Wald** ähm in den auf die **nasse Wiese** (1) also es geht **sofort los** und natürlich haben wir als Trainer auch ne Verantwortung und wir werden auch verantwortlich gemacht (1) also bei jeder <u>Zerrung</u> die man erlebt, auf der Wiese weil er durch ein Seil laufen soll in der Gemeinschaft ähm wird ganz <u>schnell hinterfragt,</u> noch schlimmer auch von <u>Eltern</u> oder Angehörigen, wer ist **Schuld** und das kann man jetzt natürlich auch weitergehen, was wenn sich jemand ein <u>Arm bricht</u> oder genau äh und es gibt natürlich auch tödliche Fälle, ganz klar (1) auch im <u>Hochseilgarten</u> usw. die gibs und da haben wir dann natürlich die Verantwortung und auch einen sehr hohen **Aufwand** dieses	

			Risiko zu <u>minimieren</u> (1) hinsichtlich Ausrüstung [...] Ja ein weiterer Nachteil ist man ist sehr schnell <u>wetterabhängiger</u> also man muss sich entweder auf schlechtes Wetter rüsten oder braucht eine **hohe Flexibilität** [...] es ist <u>zeitaufwendig</u>, <u>wetteraufwendig</u>, es hat dieses **Risiko** auch das jemand sich verletzt, es hat natürlich auch das <u>Risiko</u> das wir es übertreiben, also eine <u>Frage der Dosis</u> und wir dann da <u>Teilnehmer verlieren</u>, die das dann einfach nicht mehr cool finden, sondern die das jetzt einen überflüssigen <u>Schmarn</u> finden (1) [...] also wenn wir es von der <u>Dosis übertreiben</u> und wenn wir es vor allem von der Dosis her übertreiben und die Sachen haben keinen inhaltlichen Bezug, also ich find es muss <u>nicht</u> alles immer einen **inhaltlichen Bezug** haben (1) es ist auch für einen auch einfach mal wertvoll einen <u>Schulseminar,</u> oder Unterrichtsgemeinschaft an die frische <u>Luft zu gehen</u> und ne <u>Schneeballschlacht</u> zu machen (1) So ähm aber dann ist die Dosis sehr viel weniger (1) wenn es einen inhaltlichen Bezug hat, dann darfs auch mehr sein (1) also einfach so diese **Erfrischung** macht auch <u>mal Sinn</u>. [...]	
	P	(180)	Mir ist noch eine Sache eingefallen [...] Wir feiern heute das Jubiläum von Ludwig van Beethoven in diesem Labyrinth und wenn man fragen würde, was sind die größten **Musiker** der Musikgeschichte, dann wäre Ludwig van Beethoven sicher dabei [...] Witzigerweise hat **Mozart** und **Beethoven** genau zu selben Zeit gelebt (1) die haben sich gekannt, und die haben auch räumlich an den gleichen Ort gelebt	

[...] also ist ja eine witzige Gelegenheit. Wenn wir jetzt in die **Philosophie** schauen und fragen was waren die wichtigsten Philosophen der Menschheit, [...] unter den TOP Ten sind drei immer dabei und das ist Platon, Sokrates, Aristoteles zum Beispiel [...] und wieder fällt uns drauf die waren alle vor 3000 Jahren zur selben Zeit am selben Ort in Athen und wenn wir das jetzt fortführen und nach den größten **Malern** fragen, dann ist immer dabei Michel Angelo, Leonardo da Vinci, Raphael vielleicht und wieder stellen wir fest drei zur selben Zeit am selben Ort [...] letztes Beispiel ist die Kunst des Schreibens dann ist immer Schiller und Goethe dabei [...] und dann fragt man sich natürlich woher kommt es, das an **diesen Orten** solche Genies zu selben Zeit sind und man hat eben festgestellt, das an diesen Orten immer ein **Invest in ganz viele Kreativitätsbereichen** war. Zum Beispiel bei den alten Griechen, die haben ja nicht nur mit Philosophie sondern auch mit Bildhauerei beschäftigt auch mit Theater auch mit den ersten großen Texter [...] Das heißt man weiß heute, das die Bereiche in uns, das die sich **gegenseitig befruchten** und das es Sinn macht, das um in der Mathematik noch besser zu werden, das wird irgendwann nicht mehr weiter kommen, wenn es sich nur mit Zahlen und mit Mathe beschäftigt, sondern dieser Mensch kriegt dann auch sehr positive Impulse, wenn er sich auch mal mit Malerei beschäftigt, oder mal mit schreiben oder mal mit Musik. Und genauso der große Musiker wird in seinem Gebiet noch besser, wenn er sich mal **Impulse** holt, aus den Bereich der Malerei oder des Rechnens. Und ähm das wird find ich **viel zu wenig** erkannt.

Also denken wir jetzt an die Corona Zeit, dann das erste was bei meinen Kindern gestrichen war, das war <u>Sport, Musik, Kunst</u> ähm so wir konzentrieren uns auf die wichtigsten Fächer Mathe, Deutsch, Englisch (lacht) [...] und wenn wir uns jetzt fragen, <u>wo</u> entsteht Innovation, dann entsteht **Innovation** aus **Kreativität** und Kreativität entsteht genau aus den Impulsen die wir uns aus der **Vielseitigkeit** holen, das wir uns neben den Schreiben und den Rechnen auch mit Bildern auch mit Kreativität beschäftigen. Also diese Impulse durch die <u>verschiedenen Formen</u> der Intelligenz und damit auch die Kreativität. Es gibt von Justin Gardener eine Sammlung die **sieben Intelligenzen** und jede Form ist auch eine Form der Kreativität. Und neben den sieben ist eben auch eine Form neben den schreiben und den Rechnen und die <u>visuellen</u> auch die <u>körperliche Bewegung</u>, der körperlichen Ertüchtigung und da entstehen Impulse auch für die anderen Bereiche (1) und diese **Impulse** verschenken wir wenn wir uns nur mit Mathe und Deutsch beschäftigen oder wenn sich die Schüler morgens in die Klasse setzen und die da sitzen bleiben bis zum Ende des Unterrichts (1) ähm und die **gewinnen** wir, wenn wir ein <u>Rollenspiel</u> machen, eine Auflockerungsübung, eine Teamübung, Sportunterricht, <u>Werkunterricht,</u> dann gewinnen wir die Impulse (1) ja Justin Gardner formuliert diese sieben Intelligenzen

			und das ähm finde ich immer ein schönes Beispiel an diese ich sag mal <u>Megagenies</u> die sind immer geboren in ein <u>Ambiente,</u> wo das alles gefördert wurde und dann haben sie sich in ihrem Bereich **dies absolute Klasse** erreicht. Ich glaub nicht das die von Anfang an in diesen Zeiten besondere genetische Geschicke geboren sind, sondern diese <u>Geschicke</u> sind in dem passenden <u>Milieu</u> zu ihrer <u>Blüte</u> gekommen. Und in diesem passenden Milieu gehören Impulse, aus den verschiedenen Bereichen und nicht aus zwei oder drei [...]	
48:45	I	(181)	Waren diese Impulse denn bewusst oder unbewusst? [...]	
49:02	P	(182)	Puh [...] Ob das bewusst oder unbewusst war das weiß ich nicht (1) aber heute wissens' wir, und wir sollten es geschickt einsetzen. Und <u>wir tendieren</u> immer wieder dazu okey Konzentration auf das **wichtigste**, das ist immer der bessere Weg (1) und das halt ich für nicht zielführend. Ich find eben Bildung in der Breite wichtig. Es <u>schadet</u> niemanden Musik zu hören, er muss deswegen kein Musiker werden, sondern es gibt ihn <u>positive Impulse</u> dann auch in seinen Bereich (1) und dafür lohnt es sich auch mal das Klassenzimmer zu verlassen, auch in der **Berufsschule.**